Alois Neumeister

Geschichten, die sich dichten

Geschichten, die sich dichten

von

Alois Neumeister

Rediroma-Verlag

Bibliografische Information der Deutschen Nationalbibliothek:
Die Deutsche Nationalbibliothek verzeichnet diese Publikation in der Deutschen Nationalbibliografie; detaillierte bibliografische Daten sind im Internet über http://dnb.ddb.de abrufbar.

ISBN 978-3-96103-204-4

www.rediroma-verlag.de
11,95 Euro (D)

Inhaltsverzeichnis

Für meine Eltern und meine Familie

Lustiges und Kritisches

Für meine Freunde und Verwandschaft

Urlaub

Für meine Vereinskolleginnen und Vereinskollegen

Advent und Weihnachten

Vorwort

Wie heißt es so schön: Ein Mann muss drei Dinge in seinem Leben tun: Ein Haus bauen, ein Kind zeugen und einen Baum pflanzen. Für mich persönlich gibt es da noch viele Dinge, die auch ein Mann unbedingt in dem uns von Gott geschenktem kurzem Leben tun sollte. Und da meine ich jetzt nicht das Reparieren der Waschmaschine oder des Geschirrspülers zu Hause,.....

Das Schreiben von Geschichten, Gedichten und Aufsätzen hat mir bereits im Pflichtschulalter viel Spaß gemacht. Auch in der weiterführenden Schule habe ich alle lustigen Vorfälle und die erwähnenswerten Ereignisse mitnotiert um diese dann in der Maturazeitung allen Leserinnen und Lesern näher bringen zu können. So gab es auch in weiterer Folge immer wieder Gründe zum Kugelschreiber zu greifen: Sei es für einen runden Geburtstag, das zu Papier bringen einer Erzählung meiner Eltern, ein spezielles Gedicht für eine Veranstaltung oder das Bearbeiten eines Theaterstückes. Die Begeisterung zum Schreiben habe ich nie verloren und hat sich sogar ab dem Sommer 2013 noch weiter intensiviert, seit ich Mitglied der Vulkanland Dichtergilde bin.

Also habe ich für mich eine weitere, außer den zu Beginn genannten Lebensaufgaben hinzugefügt, und zwar:

Ein Mann muss auch in seinem Leben ein Buch schreiben.

Mit „Geschichten, die sich dichten" habe ich das nun erstmals versucht. Es finden sich darin sehr viele wahre Geschichten, welche ich in den vergangen 30 Jahren aufgeschnappt und meist in Gedichtform zu Papier gebracht habe. Des Weiteren viele Gedichte und Geschichten zu speziellen Anlässen von und für meine Eltern, Familie, Verwandten, Freunden, Vereinskolleginnen und Vereinskollegen.

Lustiges und Kritisches ist ebenso enthalten wie auch Gedichte für die schönste Zeit im Jahr, für die Advent- und Weihnachtszeit.

Da ja ein Bild mehr als tausend Worte sagt, habe ich für jene, welche lieber Bilder anschauen und eher lese faul sind, auch einige wenige Fotos ausgewählt und damit die eine oder andere Geschichte ergänzt.

Ich habe je nach Bauchgefühl oder Stimmung die Gedichte und Geschichten in hochdeutscher Sprache oder im steirischen Dialekt verfasst. Da es für viele Wörter in der steirischen Mundart

keine eindeutige Schreibweise gibt, bitte ich um Verständnis, wenn einem das eine oder andere Wort eher „spanisch“ als steirisch vorkommt.
Zusätzlich bin ich mir bewusst, dass man viele Dialektwörter auch „richtiger“ hätte schreiben können. Das, was hier enthalten ist, ist in den vergangenen 3 Jahrzehnten entstanden und handelt von den Fünfziger Jahren bis ins Jahr 2017.
Daher ist es leider auch der Fall, dass das Buch des irdischen Lebens von darin vorkommenden Personen schon für alle Zeit geschlossen wurde. Dankbar für all das Gute, das diese guten Menschen für uns getan haben, schlagen wir für Jene ein gänzlich anderes Buch auf. Das Buch des ewigen Lebens bei Gott: ohne Schmerzen, ohne Sorgen, mit viel Licht und Hoffnung!
Auch Beziehungen sind teilweise mittlerweile zerbrochen und neue Freundschaften wurden geschlossen. Habt auch dafür bitte Verständnis, damals, als das Gedicht oder die Geschichte entstanden ist, war noch alles eitel Wonne.
Es hat sich aber auch immer wieder mein Stil geändert und auch die Schreibweise von evtl. ein und demselben Wort in Mundart.
Und was die Rechtschreibung der hochdeutschen Geschichten und Gedichte betrifft, so kann ich mich auf die Rechtschreibreformen und deren Fassungen ausreden, welche ich übrigens nie vollständig verstanden habe. Daher sind Rechtschreibfehler unvermeidbar und natürlich für Jene, die danach suchen auch unverzichtbar. Wer Rechtschreibfehler findet, darf sie behalten.
Bedanken möchte ich mich bei ausnahmslos allen Personen, die in diesem Buch vorkommen, die erwähnt werden, die sich auf dem einen oder anderen Foto wieder finden oder die maßgeblich Beteiligten der entsprechenden Geschichte sind: Für die Inspiration, die entgegengebrachte Liebe, den Gedankenanstoß, die Unterstützung, die Erzählung, dem Erlebten, für das Betätigen der Kamera, dem Einverständnis für die Veröffentlichung (auch wenn ich nicht immer danach gefragt habe).
Damit sehe ich dieses Buch nicht nur als mein Buch an, sondern als „unser“ gemeinsames Buch.
Herzliches Vergeltsgott und viel Freude beim Lesen.

Alois Neumeister

Achtundachtzig Jahre

Achtundachtzig Jahre, eine lange Zeit,
mit viel Freud aber auch Leid.
Grund dankbar zu sein für jeden Tag,
vergessen all die Sorg und Plag.
Zurück schauen auf das was geschah,
auch wenn es nicht immer einfach war.
Nach vorne schauen, was kommen wird,
kein Grund, dass man den Mut verliert.
Genießen jeden Tag und jede Stund,
zusammensitzen und feiern in fröhlicher Rund.

Da Schmied-Luisl und die Flex

Wer den Luisl kennt hot, der wird ma Recht geben,
dass er stets guat gelaunt wor, obwohl nit immer leicht wor sei Leben.
Im zweiten Weltkriag is er gaunz jung einzogen worn,
und hot in Russland unterm Knie ein Bein verloren.

Hot iahm owa nit genommen die Lebensfreude und sein Stolz,
mit 18 seine Beinprothese aus Holz.
Vül Leit homs net gmerkt oder gwusst,
ah wenn da Fuaß bluatig wor, da Luisl hot nie zoagt sein Frust.

An Beruf hot er glernt und is Motorradl gfohrn,
ah bei der Feierwehr dabei und stets vorn.
Toanzt hot a guat und für sei Leben gern,
lost ah öfter auf der Mundharmonika wos hearn.

Zbled wor iahm nix und uans deis wor fix,
bei jeder Bledlerei wor er sicher dabei.
Amol hot er in da Firma gschrian und so getan als sei er ganz wüld,
es muass wos passieren, Theater hot er gspült.

Plearrd wie wüld, olls is a Dreck,
i schneid ma jetzt mein Haxn weg.
Dawischt die Flex und steckt sie ans Netz,

für die Kollegen woa des kua Hetz!

Und schneid sich durch die Hosen in den Fuaß,
olle glaubm, dass as Bluat glei spritzen muass.
Ah Ihr wards drauf reingfollen, könnts sogen wos wullts,
es hot nur gstab und grochen noch verbrenntem Hulz.

Die Hosen wor hin und im Hulzfuaß wor a tiafa Schnitt,
da Luisl locht laut und langsam die Anderen mit.
Gott sei Dank nit verletzt und die Leit reden vom eigenen Glück
ah gleich,
dass kuan Herzkasperl kriagt hom, bei dem Lausbubenstreich!

Da Schmied-Luisl und as Motorradl-Foahrn

In die 50iger Johr hots no wenig Autos gebm,
wenn wer a Motorradl ghobt hot, is schon wos Großes gwen.
Gebm hots von Puch Motorradln mit 125 und 250 Kubik,
wenn sowas Dei Eigen wor, deis wor a großes Glick.

Da Luisl, sei Bruader da Sepp und a poar Freind,
hom so a Puch Motorradl ghobt und da Dorfgendarm wor ihr
Feind.
Denn wenns schnell gfohren san, hot as aufholten wolln,
und sei hätten sauber Strof sulln zohln.

Doch mitn aufholten hot er sich recht schwer getan,
denn die Wülten auf der Maschin san iahm immer davon
gefahren.
Mit sein Dienstfohrzeug an Woffenradl wor er da Langsamere
auf der Stroßen,
und so homs iahm holt öfter zoagt die lange Nosen.

Amol hot da Gendarm a Glick ghobt und hots dawischt
und ba einer Kreizung von da Stroßen owagfischt.
10 Schilling wor die Strof für Raserei,
nochdem erst der Erste wor, hot jeder an großen Schein, an
Hunderter dabei.

Da Gendarm kommt ins schwitzen, des koa jo net sei,
jetzt hot as endlich dawischt, nur hot er zuwenig Wechselgeld dabei.
So sans wieder davongrauscht, ohne zan zohln,
da Gendarm hot bled nochgeschaut, wos hätt er tuan solln?

Dabei hot a Glück ghobt, denn es is ah passiert,
dass a wüld gewordener Verkehrsteilnehmer, dem Gendarm ane schmiert!
Die verschonten Verkehrssünder rauschen ob, dass olls nur blau raucht,
des dasporte Geld, wird beim Dorfwirt verbraucht.

Und uamol homs Olle die Auspuff obmontiert,
und san in Feldboch durch die Stodt grauscht, dass olls nur vibriert.
Vor ollem durchs Grazer Tor, hots gmocht an rießen Lärm,
is olle Leit gangan, durch Mark und Gedärm.

Heit ma sulche Motorradln nur mehr bei Oldtimertreffen bewundern kann,
und dann denk i gern an die Gschichten von dann und wann,
vom Luisl, dem Seppl, ihre Freind und dem ormen Gendarm.

Alois Neumeister sen. (Schmied-Luisl) in den 50iger-Jahren

Da Schmied-Luisl und da Fuchs

Stöllts Euch vor, in die Sechziger-Joahr,
a Brot- oder Backhendl noch wos Großes wor.
Vüle Leit am Land hoben sich dieses leckere Gericht,
meistens ah glei sölber zicht.

A Bruathenn augsetzt mit a poar Oa,
a Wärmelampen dazu, wenns im Winter wor.
Und noch 3 Wochen wors so weit,
wenn die Piebarln gschlupft san, wors a Freid.

Ah die Schwiegeröltern vom Schmied-Luisl hom des gmocht,
und wenn aus olle 7 Eier a Pieberl schlupft, man besonders
locht.
Es bleibt die Wärmelampen mit an großen Schirm,
damit die Piebarln im Stoll nit dafrian.

A Gschisti, Gschasti wird betrieben,
man muant, man tuat die Viecherln wirklich lieben.
Obwoh sie olle landen auf dem Töller,
des Ane später, so Manches schnöller.

Je noch dem, wos am wüll,
a zortes Brothendl und im Bauch mit Füll.
Oder man wort bis sie dick san und fett,
a Hiahnersuppen schmeckt ah gaunz nett.

Owa im konkreten Fall worn die Pieparln ca. 6 Wochen olt,
wia in da Nocht, alle Siebene der Fuchs hot gholt.
Mit 6 Wochen sans zirka 2 kg schwa,
wos holt ideal zum broten oder einpanniern war.

Nur sei san fuart für immer,
der herbeigeholte Jaga muant, des wird immer schlimmer,
wal frihrer hots sich da Fuchs nur za die Häuser traut,
wenn da Woarzocker hoch wor, und er darum nit aussi schaut.

Im Fruahrjoahr is des mehr als sölten,
und man hört auch alle schölten,
wal ma kane Spuren find,
und ah die Schlösser der Stolltüren in Ordnung sind.

Des Weiteren worn die Stollfenster pummzua,
jo hot man es gor mit an Geist anstott an Fuchs zan tua?
Auf jeden Foll lost sich des Rätsel nit klären,
is wias is, man find sih oh damit, do hülft ka plärren.

Monate vergehn und die Gschicht wor fost vergessen,
man is beim Feuerwehrfest zusammen gsessen,
zuafällig sitzt ah a Orbeitskollege vom Schmied-Luisl dabei,
man isst a Wirschtl und trinkt dazu zwoa Bier oder drei.

Da Orbeitskollge sinniert,
von dem Wirschtl hot er net vül gspirt,
ua Schnopper und es wor furt,
und noch dazu, wors gor nix guat.

Do worn die Brothendl holt wos anders beim Luisl seiner Feier,
gfressen hom ma glei Siebene, wor sicher teuer!
Jo sakkara, jetzt nit vül föhlt,
und man Eins und Eins zusammenzöhlt.

Am Tisch die Hausleit schreien „Des is a Graus“,
also wor da Luisl da Fuchs beim Haus.
Da Luisl gesteht und beichtet ah glei,
dass er domols da Fuchs gwesen sei.

Er hot nit zuschauen kinnan und hot die Hendln mian huln,
wal wenns er nicht taun hätt, hätts wirkli gach da Fuchs no
gstuhln!

Da Schmied-Luisl und da Bombenalarm

A wohre Gschicht aus die 70iger Johr,
wia da Luisl als Schlosser bei der Leca wor.
An großen Brennerofen hots durt gebm,
do homs die Lehmkugerln brennt, bis hort san gwen.

Und damit man die Kugerln nit verbrennt,
hot immer una aufpasst, Brennermoaster gnennt.
A verantwortungsvolle Aufgob owa loangwalig ah,
den ganzen Tog munter bleibm, wor oft schwah.

So sulls holt ah öfter vorkommen sein,
dass da Brennermoaster schlofft vorn Ofen ein.
Wias amol wieder is passiert,
hot da Luisl dafür gsorgt, dass er wieder munter wird.

Schnell hot er an Lecasock mit Gas und Sauerstoff vull gmocht,
schleicht zum Ofen und legtn zur Flammen, gaunz socht.
Hoffentli passt ah die Gas-Sauerstoffmischung und hot für sich schon glocht,
nur dass er es so guat dawischt, hätt er sich selbst nit gedocht.

Wia da Sock is durchbrennt, hots an extrem lauten Klescher gmocht,
da Brennermoaster wor munter und tramt heit noch davon jede Nocht.
Es wor a Megadetonation,
in da Fehringer Kasern homs glaubt a Attentat mit Bombenexplosion.

Da Luisl mocht an Freudentanz,
denn er hots no nit gmerkt, dass im Lecawerk koa Fensterscheibm is mehr ganz.
Das Bundesheer ruckt an mit Trari und Trara,
owa glei gibts Entwornung, es wor da Luisl und koa Attentäta!

Olles wurde repariert und wieder gricht,
dem Luisl hots vül Geld kost, die Aufweckgschicht.
Owa uans kann i mit Sicherheit garantieren,
a Brennermoaster wird nie mehr bei der Orbeit des Wochsein verlieren.

Das Winsl-Lied

Winsl geht in den Kindergarten und hört die Kinder schrein,
da hält er sich die Ohren zu und geht gleich wieder heim.

Owadi, owadi, wisch, wisch, wisch, da Winsl is a bleda Wisch,
owadi, owadi, wisch, wisch, wisch, da Winsl is a bleda Wisch!

Winsl sitzt am Wosserbankl, woscht sich seine Füße,
denkt des is schon höchste Zeit, do wochst jo schon Gemüse.
Owadi,.....
Winsl kommt noch Afrika und siacht an schworzen Bua,
denkt des is a Schockolad und beißt glei kräftig zua.
Owadi,....
Winsl fohrt noch Lödersdorf und siacht an Radlfohra,
denkt des is a Heiliger, und sogt grüß Gott Herr Pforra.
Owadi,....
Winsl kommt noch Afrika und sieht a schwarzes Madel,
glaubt schon wieder a Schokolad und beißt ihr glei ins Wadel.
Owadi,...
Winsl kommt noch Unterlamm und hört die Glocken läuten,
glaubt des is a Stroßenbahn und springt gleich auf die Seiten.
Owadi,....
Winsl kommt noch Afrika und siacht an großen Löwen,
denkt des is a Muzikatz und wüll iahm Bussi geben.
Owadi,...
Winsl kommt noch Amerika und siacht a große Schlangan,
denkt des is a Regenwurm und wüls mitn Toschentuach fangan.
Owadi,...
Winsl kummt noch Afrika und siacht dort Elefanten,
siacht wie sie Wosser spritzen und glaubt es san Hydranten.
Owadi,...
Winsl kommt in Urwold rein und sieht ein Haufn Bana,
glaubt es is sei Omama und fängt gleich an zum Wana.
Owadi,....
Winls sitzt im Gorten und schaut die Vogerl zua beim Fliagn,
glaubt des kaun er ah und fliagt owi ba da Stieagn.
Owadi,...
Den Sturz hot er nit überlebt und steht vorm Petrus seinem Tor,
die Engel sehn den Winsl und singan olle im Chor:

Owadi, owadi, wisch, wisch, wisch, da Winsl is a bleda Wisch,
owadi, owadi, wisch, wisch, wisch, da Winsl is a bleda Wisch!

Dieses Lied hat meinen Geschwistern und mir mein Vater in den 70iger-Jahren gelernt. Einige Strophen habe ich mir gemerkt und es mit weiteren, neuen Strophen ergänzt.

Die Nani und die Schlangan

Friahra is für uns Kinder wos Großes gwen,
wenns in Fehring hot an Kirti gebm.
Schon vor da Schul hom ma ba die Standln gschaut,
und oft unsere Augn net traut,
wos do alls woa zum Sehgn,
es hot jo wirklich fost olles gebm:

Spülzeig, Leibln und dicke Socken,
Werkzeig, Hosen und Plastikwickler für die Locken.
Kopftiachln, Bettwäsch und Trevirahosen,
Besen, Schaufeln und Plastikrosen.

Unterhosen und BH's der Größn XXL,
Safran, Paprika und Pimpernell.
Gflochtene Körb und Schichtsoaf haufweis,
Rexglasln und Einlegessig für die Speis.

Kochtöpf, Glasln, Suppentöller,
Fassln, Stoppeln, olls fürn Köller.
Roafmesser, Bogensagl und Beißzangen,
Schwimmer, Sülk und Spulln - olls zum Fische fangen.

Die neuesten Musikkassetten homs gspült,
und die Frauen hom in an Haufen Wäsch herumgewühlt.
Sülbaschmuck und folsche Guldketten meterlang,
Pulster, Decken und Vorhang.

Doch uns hot des Spülzeig am meisten interessiert,
vor lauter Schauen, ma des Gfühl für die Zeit verliert.
Bold wirds Ochti, und die Schul fongt au,
ua Trumm no schnell kafen, vorher i in die Schul net kau.

A Plastikschlangen, fost an Meter lang,
wor mei bester Fang.
Dem Standler den Preis no schnöll um 50 Groschen owidruckt,
zohlt, eipockt, in die Schul glafn und bam Leitn in da Klass drinn ghuckt.

Da Vormittog in da Schul hot si zaht
und wie immer wors lernen sehr fad.

Doch endlich noch da fünften Stunn,
i aus der Schul ausikumm.

Schnöll zum Bus und glei huam,
die Mutter, die Nani hot grod im Hiahnastoll zu tuan.
Mittn kloan Heindl sie den Stoll ausputzt,
i schmeiss ihr die Plastikschlangan hin, und sie schaut gaunz verdutzt.

I hoff, dass mei Mutta sich schreckt und schrei, schau a Schlangan,
doch sie hot mitn Heindl glei zum Schlogn augfangan!
Sie wor nit geschockt,
sondern hots in drei Teile auseinandergehockt!
Des wor des jehe End von meiner Plastikschlangan,
und von da Mutter hob i no a Watschn ohgfangan!

Anna Neumeister (Nani) in den 50iger-Jahren

Mein Kind

Wenn Du nicht an mich denkst,
dann denke ich an Dich!
Wenn Du nicht zu mir kommst,
dann komme ich zu Dir.
Wenn Du dich verläufst,
dann zeige ich Dir den Weg.
Wenn Du nicht gehen kannst,
dann trage ich Dich.
Wenn Du nicht stehen kannst,
dann stütze ich Dich.
Wenn Du frierst,
dann wärme ich Dich.
Wenn Du krank bist,
dann pflege ich Dich.
Wenn Du nicht einschlafen kannst,
dann singe ich für Dich.
Wenn Du Alpträume hast,
dann wache ich bei Dir.
Wenn Du in Gefahr bist,
dann rette ich Dich.
Auch wenn Du erwachsen bist,
bleibst Du immer mein Kind.

Alois, Martina, Elena und Gloria im Mai 2016

Die richtige Frau finden

Da Schiller hot schon verkündet,
darum prüfe wer sich ewig bindet.
So hob auch ich mir deis zu Herzen gnommen,
bevor ich zum Heiraten bin gekommen.

Mit da Anni wor nix los,
die Angela wor zu groß.
Die Andrea wor zu sacht,
und die Annika, dei hot gracht.

Die Annett wor zu fett,
und die Janett wor nit nett.
Die Maria wor zu heilig,
die Helga zu langweilig.

Zur Bärbel wor es zu weit,
die Bettina wor ma zu gscheit.
Die Birgit wor zu klua,
die Beate hörte nie zua.

Die Claudia hatte nen Schäferhund,
die Christine wor im Kopf net gsund.
Die Caroline spülte folsch Violine,
und die Eveline, bevorzugte die Sabine.

Die Ute wor kou Gute,
und die Barbara hatte 17 Hawara.
Die Michelle wor zu schnell,
und die Isabell wollte nur den Gabriel.

Ah meiner Mutter hob i so monche Freundin vorgestellt,
owa kouni hot passt, ba jeder hot wos gefehlt!
Ba da oun wor da Mantel zu lang,
die nächste hatte zuviel Schminke auf der Wang.

Dafür bei da anderen zu kurz da Mini,
und zu ausgfüllt da Bikini.
So hob i holt weiter gsuacht am freien Morkt
und meiner Mutter, kuane mehr zoagt.

Die Anja, wor net so schön wie die Lydia,
Katya und Tanja.
Die Beatrix, dei wor ah für nix,
die Erika, wollte nach Amerika.

Die Belinda, wollte 15 Kinder,
und die Sieglinda, wollte 1000 Rinder.
Und erst die Gabi die Hex,
die wollte schon vor der Ehe sechs
goldene Ringe und andere kostbare Dinge.

Die Eva wor zwor a netta Käfer,
nur hatte Sie 7 Beischläfer.
Die Sophi, kochte nie,
die Melanie, zwang mich auf die Knie.

Für die Ruth, fehlte mir der Mut,
und die Sophie wollte nur meine Marie.
Die Fatima, wor nicht von da,
auch nicht die Ilona und die Svetlana.

Der Margret, wor ich zu bled,
die Olga nur am Gehsteig steht.
Mit da Susi, wor es nur a Gspusi,
und da Freind von da Luzi wor die ganze Musi.

Irgendwann hob is aufgebm zu suachen
und ah auf mei Muatta zu hurchen.
Eines Tages traf ich Martina dann,
sie war auch mir gleich zugetan.

Ich hob gwusst, deis is die Frau fürs Leben,
dafür würd ich olles geben.
Gfunkt hots glei
und 5 Johr später wor es mitn ledig sein vorbei.

Die letzten 24 Joahr hobm wir nun gemeinsam schon verbrocht,
und sie hot auch olle Höhen owa ah Tiefen mitgemocht.
Und wann noch hundert Andere taten kemman,
ich würd mei Martina wieder nehmen!

Martina und Alois im Mai 2017

As Dirndl

As Dirndl is gscheit, kaun rechnen und schreibm,
und wal sie so gut ist, hot sie sitzen derfn bleibm.

As Dirndl is fleißig, den gaunzen lieben Tog,
nur noch dem Frühstück, sie nimma orbeiten mog.

As Dirndl is sauber, von die Fiaß bis zum Hols,
doch dann kommt as augmolne Gsicht und versaut wieder olls.

As Dirndl is ehrlich, wie ma nur sei kaun,
nur kaum mocht sie an Mund auf, schon liagt sie dich aun.

As Dirndl is spurtli, lafft täglich ihre Runden,
nur da Zeiga von der Woog, beschleunigt von Null auf Hundert
in ouna Sekunden.

As Dirndl kann tanzen, Fox, Tango und Jive,
nur wennts as probierst, steht sie nur steif.

As Dirndl is musikalisch, kaun singan und spülen,
nur wenn sie aunfangt, derfen Ohropax net föhlen.

As Dirndl kaun kochen, Reis, Fleisch und Fisch,
nur derfst as nit essen, sunst speibst aufn Tisch.

As Dirndl racht net und trinkt nie Alkohol,
nur am frühen Abend stinkst wia a Oschenbecha und ist bummhagelvoll.

As Dirndl is gschamig und Jungfrau dazua,
nur hots sie holt leider an ledigen Bua.

Dass as Dirndl so worn is, jo wer kaun wos dafir?
Die Eltern sogn die Schul, wal selba, naa nia!

As Klassentreffen

A Jeder von uns is gwiss schon auf an Klassentreffen gwen.
Meistens hot ma sich noch 10 Johr as erste Mol wieder gsehn.

Die Hauptschul is zehn Joahr her,
mit 25, Herz was willst Du mehr?
Bist jung und fesch, erscheinst in da schönsten Wäsch.
Bist gspaunnt wies, die Anderen ergangen is.
Einige hom studiert, andere nur probiert.
Die meisten hom an tollen Job,
erzähln von so manchem Beziehungsflop.
Doch egal, ma is jung und steht oben und unten net aun,
as Klassentreffen dauert bis Fünfe in da Fruah, bis koaner mehr stehen kaun.

Des zweite Klassentreffen mit fünfadreißig ist ah a Spaß,
man dafrogt vül neigs, wos ma no net waß.
Viele hom sich getraut,
zwoa, drei Kinder kriagt und a Haus gebaut.
Um Zwoa miassen die meisten houm,
sonst kriagt ma es mit dem strengen Partner dahuam zu tuan.

Beim dritten Klassentreffen is ma Mitte Vierzig,
und glaubt, man ist noch resch und würzig.
Einige Ehen san geschieden,
oberflächliches Blabla, Details werden vermieden.
Der Lehrer sich schon in Pension befindet,
und endlich vül Freizeit hot, er verkündet.
Um Mitternocht gehen die noch Verheirateten huam,
die Gschiedenen wulln unbedingt no wos tuan.

Beim vierten Klassentreffen, noch vierzig Joahr,
ziagt so Mancher Fotos von die ersten Enkelkinder hervor.
Einige worn holt schlau, san gangan zur Poust oda Bouhn,
erzähln vulla Freid sei san scho laung,
in da wohlverdienten Pension.
Um ölfi aft Nocht is kuana mehr do,
dass ma endlich schlofen gehen kann, ist jeder froh.

Noch fuchzig Johr, man merkt es schon,
die meisten keine oder graue Haare hom.
Gejammert wird über körperliche Leiden
und wos man beim Essen muass so meiden.
Bandscheibenvorfälle und noch mehr,
bringen viele zu Gehör.
Man leider auch die ersten Todesfälle betrauert,
das Klassentreffen nur bis Zehne dauert.

Beim sechsten Klassentreffen wird die Gruppe wieder kleiner,
so mancher kommt mit einer Gehhilfe einer.
Echte Zähn hom net viele mehr,
Man redet wenig, hörn und verstehn fällt an schwer.
Da Lehrer längst unter der Erden is,
ma frogst sie, wer da Nächste is.
Spätestens um Ochte geht jeder huam zu seini,
ma wüll den schein Fülm sehgn um Viertelneini.

Noch Siebzig Johr fängt des Klassentreffen schon zu Mittag an,
die, die gekommen sind, ma auf uana Hand zähln kann.
Man hot vergessen, warum und wer wer is,
und die Stimmung ist gaunz mies.
Von die Enkerln und Urenkerln wird dazöhlt,
und dass uan die Familie im Oltersheim föhlt.
A belegtes Brot wird gessen und ah no schnöll a Torten,

draußen durt die Schwiegertochter oder as Taxi schon worten.
Um Fünfe, owa am Nochmittog, ist olls vorbei,
man denkt sich, wird wull as letzte gwesen sei.

Noch ochtzig Johr, is leider gor,
mit fünfundneinzig, nur mehr die Resi beim Klassentreffen wor.
Gmocht hot sie es im Oltersheim,
leider wor si gaunz allein.
Doch sie beschließt, wenn sie nächstes Joahr noch am Leben is,
mocht sie gaunz sicher wieder a Klassentreffen, des is gwiss.

Klassentreffen der 4.a 1981/82 der HS Fehring im August 2013

As rachan is net gsund

Dass Rauchen net gsund is, is allseits bekannt,
trotzdem rauchen zu Viele, in unserem Land.

Vül hot ma schon unternommen um die Raucher zu dezimieren,
von Werbeverbot bis zum Warnhinweise auf die Pockungen zu schmieren.
Rauchen lässt Ihre Haut altern, ist schädlich und macht sogor impotent,
steht schworz auf weiß auf den Tabakprodukten, wia mas bei uns kennt.
In anderen Ländern tans no weiter gehen,
do san sterbende Menschen und kranke Organe auf den Pockungen zu sehen.
Rauchverbot in öffentlichen Gebäuden gibt es schon lang,
wenn i daran denk, wos als nächstes kummt, wird mir glei Angst und Bang.
Für getrennte Raucher - und Nichtraucherbereiche hot die Gastronomie vül investiert,
owa mitn neign Gesetz wird des nun ausradiert.
Generelles Rauchverbot in Lokalen es is wohr,
kummt nun bei uns im 2018a Johr!

Ob Zigarette, Zigarre oder die Pfeifen,
wird über kurz oder lang, anderen Genussmitteln weichen.
Da Columbo kommt zukünftig mit an Lutscher im Maul,
und da Lucky Luke reitet mit an Zuckerl auf sein Gaul.
Den Marlboro-Man, wird man nie wieder sehn,
und so manche Pfeifenrunde, geht vor die Hunde.

Trafiken sperrn zua und Steuergelder werdn föhln,
die Wirte werden traurig die Stammgäste zöhln.
Lungenkranke werden hoffentlich weniger wern,
dafür werden mehr Leit an Diabetis dann sterbm.

Dass Rauchen ungsund is, woas i ganz gwiss,
weil ein Mann kürzlich aufn Weg in die Trafik von an bsoffenen Autofohrer überfohrn worden is.
Nur auf alkoholischen Produkten tuat nix darauf stehen,
dass unter Alkoholeinfluss schon sehr viel Unheil ist geschehen!

Gesetze san wichtig, olles recht und schen,
nur wenn i bevormundet wiar, tuat mir olles vergehn!

Da Bua

Da Bua, der lernt fleißig und brav er ah is,
sodass er schon in der zweiten Klass Hauptschul ausgestanden is.

Da Bua is so friedsam und rafft ah nia,
nur a blaues Aug hot er ständig und bluatige Knia.

Da Bua tuat gern Radl foahrn und gibt a recht Ocht,
nur die letzten zwoa Wochen, hot er im Unfollspitol verbrocht.

Da Bua lernt an Beruf und hot vül Freid ah daran,
nur tritt er nächsten Montag schon die dritte Lehrstelle an.

Da Bua geht in die Berufschul und is ah recht schlau,
nur warum er vom Internat gflogen is, woas kouna genau.

Da Bua mocht die Fohrschul, beim Foahrn ah Talent,
nur ba da Prüfung fliagt er dreimal, wal er kua Verkehrszeichen kennt.

Da Bua is nun ausglernt und ah schon Gesell,
nur ohne Lehrabschlussprüfung kriagt er kou Stell.

Da Bua hot a Auto, a schnells nou dazua,
foahrt mit zu hohem Tempo, und meistens pummzua.

Da Bua baut an Unfoll und fliagt von da Stroß,
sein Führerschein is er für sechs Monat los.

Da Bua fladert Autos und zinnt Häuser an,
die nächsten 6 Johr nun, er gesiebte Luft atmen kaun.

Er hot immer olls tuan derfn und immer olls kriagt,
und is wos schief gangan, homs die Eltern grodbiagt.

Jetzt sans holt verwundert, wos aus dem Buam is nur worn,
Zeit homs jetzt zum Nochdenken, wenns zum Hefen zu iahm fohrn.

Das Haubenlokal

Tagein, tagaus die ganze Wochen,
muss daheim die Frau für Alle kochen.
Doch sonntags gönnt die Familie sich einen Schmaus,
im nahegelegenen Dorfwirtshaus.

Will man zu besonderen Anlässen aber vorzüglich schmausen,
muss man in ein Haubenlokal sausen.
Aus vier Gläsern und zwölf Stück Besteck,
besteht das edle Tischgedeck.
Im schönsten Kleid und feinsten Zwirn,
isst man Ei mit Hirn.

Nach dem Amüsgöl der nächste Gang,
Wachtelei und Garnelen mit Seetang.
Und zwischendurch grüßt der Koch,
doch hungrig bist Du immer noch.

Zur edelsten Speisenzubereitung,
gibt es auch eine Weinbegleitung.
Erklärt wird alles was kommt auf den Tisch,
nach der Taube folgt ein edler Fisch.
Die Nase durchströmen feinste Gerüche,
und schon wieder kommt ein Gruß aus der Küche.

Die nächste Portion ist wieder klein,
dafür speist man aber besonders fein.
Serviert wurden acht Gänge und Dessert,
doch Dein Bauch ist noch immer leer.

Dafür ist die Rechnung aber groß
viele Scheine wirst Du los.
Hungrig will aber keiner heim,
darum kehrt man noch wo ein.
Dafür gibt es bei uns Gott sei Dank,
den viel gelobten Buschenschank!

Der Krampus

Jo, am 5. Dezember is Krampusto,
und do san olle Krampusse froh,
do ferfns wieda aussi ausn Versteck
und versetzen uns in Angst und Schreck.

Do siacht ma Perchten, Teifln und Krampusinen,
auch Nikoläuse, die dem Krampus dienen,
am Kopf meist a großes Gweih,
natürli homs ah Ketten und laute, schware Glocken dabei.

Ols wos Lärm mocht zahn sie mit,
und ah Feier spucken is a neia Hit,
Loaterwogen mit an Käfig drauf,
jo, alls deis siacht ma bei an Perchtenlauf.

Owa die wüldesten Krampus sogt man kommen aus Kopfenstua,
Eichkögl oder auch aus Holbenrua.
Denn durt wo die Kirchen dem heiligen Nikolaus geweiht san,
sann die schlimmsten Krampusse daham.

Weil unter dem Kirchturm, in einem finsteren Verlies,
der Krampus über 364 Tog im Jahr eingsperrt is.
Und nur am Abend des 5. Dezember lost man sie frei,
drum hupfens so wüld und plärren dabei!

Mit an besonders wülden Krampus hot man es in Eichkögl zu tuan,
denn der is unterholb des Nikolausbüldstock vorm Ort im Wald dahoum.
Jo und die frechen, schlimmen Kinder schrein
und des wird ah immer so sein:

Kramperl, Kramperl Besenstühl, betten kaun i eh net vül,
wos i betten kaun, geht dem Kramperl gor nix aun.
Oda
Kramperl, Kramperl ha, ha, ha, frisst an Kilo Paprika
Paprika hot brennt, Kramperl is zum Dokta grennt
Dokta gibt iahm Medizin und Medizin is explodiert,
Kramperl in die Luft dann fliagt!

Der Kramperl lafts dann noch und trischt mit da Ruatn auf sei ei,
und für die braven Kinder hot da Nikolaus wos zum Noschen
dabei.

Owa nit nur am 5. Dezember kaun man Krampusse sehn,
na, as gaunze Johr, Ihr werds mi glei verstehn.
Es kimmt ah öfter vor dass man hert,
ich woas zwor, dass sich deis nit kehrt:
Jo der is schiach oder die ist gschminkt, es is ein Graus,
dei schaun jo wia ein Krampus aus!

Jo sulche Leit hom an 5. Dezember murds a Freid,
do follns net auf, wenn sie sich mischen unter die Leit.
Aufn Krampus homs zwor an Neid,
weil der kaun die Masken wieder owanehman,
owa sei miassen immer mit der gleichen Lorven
umananderrennan.

Der perfekte Mann

Was ist dran am perfekten Mann?
Weil er vielleicht alles kann?

Sieht er besser aus?
Hat er viel Geld und ein tolles Haus?

Ist er treu oder nicht?
Kommt er von der Oberschicht?

Kann er backen, grillen, kochen?
Hört er zu ununterbrochen?

Ist er braungebrannt und blond?
Verdient er gut und fliegt zum Mond?

Tanzt er gerne und führt auch gut?
Schwört er die Liebe bis aufs Blut?

Hat er viele Muskeln und einen Waschbrettbauch?
Kümmert er sich um den Garten auch?

Ist er lustig und auch schlau?
Macht er Picknicke wenn die Nächte sind lau?

Singt er und packt auch die Gitarre aus?
Macht er Kindern eine Freude und spielt den Nikolaus?

Eines kann man mit gutem Gewissen sagen,
das muss man auch nicht hinterfragen.

Wirklich perfekt ist er dann der Mann,
wenn er seine Frau glücklich machen kann.

Der Prokurist - aussa aus dem Hamsterradl

Glei noch der Handelsschul gehts schon los,
die Träume und Erwortungen san rießengroß.
Für den ersten Job is ma dankbor und froh,
als klouna Angstellter irgendwo.

Doch man wüll zoagen, dass man mehr als jeder Andere kann,
orbeitet Tog und Nocht und strengt sich holt besonders an.
Langsam klettert man die Karriereleiter empor,
vergisst zu vül, wos früher amol wichtig wor.

Ka Zeit für Hobbies, Freind oder Spurt, Termine do, Termine
durt.
Und endlich hot man es dann gschofft,
wos man sich Johre lang hot erhofft.
Befördert wird man vom großen Boss,
die Freude de is unendlich groß.

Prokurist steht nun fett gedruckt auf der Visitenkorten,
und bis es ah im Firmenbuch steht, kann man kaum erworten.
Ja was is a Prokurist? Hert si an wie Terrorist.
Terroristen quölen meistens vüle Leit,
Prokuristen stöhlen sich oft sölba die Freizeit.
Terroristen hom auf da Wölt vül Feind,

Prokuristen hom wenig Zeit für ihre Freind.

Owa sie dürfen Sochn unterschreiben, von denen sie nix wissen,
und wenns schiefgeht, wird auf sie gschissen.
Firmenchefs und Geschäftsführer tuan den Prokuristen gern benutzen,
sich von jeder Verantwortung in da Öffentlichkeit obzuputzen.

Da Chef fohrt meist an tollen Luxusschlitten,
und hot vül Grund und a riesen Hitten.
Tut da Prokurist Tog und Nocht hackeln und lafen,
dann koun sich da Chef ah no a große Jacht dazua kafen.

Und bist du einmal ausgepowert, krank und leer,
braucht dich plötzlich niemand mehr.
Dann wird der Nächste aufgebaut,
der sich vull für die Firma einihaut.

Wos im Leben eigentlich wichtig wor, wird Dir plötzlich wieder klor.
Aus dem Hamsterradl steigst Du aus,
host wieda mehr Zeit für zu Haus.

Erkennst vom Hamsterradl endlich mit vül Graus,
dass es von innen wie a Karriereloatar schaute aus.
Nur leider wullns vüle net wohrhobm und no weniger glaubm,
dass ma sich sölba tuat die Gsundheit raubm.

Drum bittschen kehr um, sei net bled,
noch is es nit zu spät.
Denn krank und ohne Freind auf dieser Wölt,
is er wertlos, Dein großer Haufen Göld!

Die Fuaßboll-EM

Bold geht sie los,
mei Freid is rießengroß,
die Fuaßboll-EM,
manche sogn, i bin plemplem.

Nur wal i für jedes Qualimatch noch Wian gfohrn bin,
bin i im Schädel doch net hin!?

Mein Panini Album hob i vull,
jo mein Album, denn für meine Kinder wors net cool,
Pickerln zu sammeln und tauschen in da Schul.

Hunderte Packerln hob i miassn kafen,
und einige Samstoge bin i zur Paninitauschbörse glafen.

Und wia nur mehr 30 Stück hom gfehlt,
hob i die Restlichen übers Internet bestöllt.

Stundenlang schau i des Heftl jetzt an,
bis i olle Spieler auswendig kann.

Unsere Balkonblumen san heier rot-weiß-rot,
wos vielleicht nit jeder hot.
Und dann besorg i no Österreich-Fahnen so ochti, oder neini
und stecks in die Blumenkisterl links und rechts eini.

Und mei Hauseinfohrt werd i mit Stroßenmolkreiden,
in a riesige Österreich-Flagge verkleiden.

Bevor i krank im Bett lieg mit 39,5 Grad hob i doch liaba,
Chips, Soletti, Bier und bin im Fuaßbollfieba.

Die Garage is aungfüllt mit 20 Paletten Chips,
Soletti und Erdnusssnips.

Da Köller is mit Bier schon vull,
ba jeder Aktion, i immer 10 Kisten hul.
Vom Puntigamer, Murauer und Stiegl hob i schon gnua,
jetzt kumman no je 10 Kisten Ottakringer, Gösser und Villacher dazua.

Mei Frau droht mir schon: Wennst no amol mit Bier hamkummst!
Doch mia is des wurscht,
schließlich und endlich kriagt man beim Fuaßboll schauen an mega Durscht!

Leibarln, Schal, Schminkstifte in rot-weiß-rot,
a echta Fan natürlich schon olles hot!
An modernen Beamer hob i installiert
und an die Wand a riesige Leinwand montiert.

Und jetzt sitz i am Sofa und zöhl die Stunden,
woas sogar in Sekunden,
wia langs no dauert bis zum Start der EM,
i bin doch hoffentlich normal und net plemplem?!

Elena, Alois, isländische Fans, Martina und Gloria bei der EURO 2016 in Paris

Die Gsundenuntersuchung

Wia hoast es so schen:
Wer gsund is, der hot tausend Wünsche,
wer krank is, hot nur einen Wunsch!

Und damit man net krank wird rät die Kassa jeder Frau und jeden Mann
meldest Euch zur Gsundenuntersuchung an.
Mit da E-Card geht man holt zum Orzt des Vertrauens hin
und bettelt um einen möglichst frühen Termin.

Hot ma den endlich, dann gehts los,
den die Untersuchungsmöglichkeiten san riesengroß.
Bluatdruck, Puls und Augenlicht,
Rheumatismus oder gor die Gicht?
Bluat im Stuhl und EKG,
Mogenspiegelung, dei tuat weh!

Lungenröngten und Schädel-MR,
dass nix finden, hoffst Du sehr.
Man untersucht auch den Urin,
ob net zuviel Zucker is darin.

Ultrascholl und Mammographie,
Bluattest gegen Leukämie.
Gehörtest von jedem Ohr,
am nächsten Tog des Schloflabor.

An Befund gibts dann von jedem Test,
den man sich genau erklären lässt.
As Doktarlatein versteht ma nit,
doch die gleichen Rotschläg kriagt ma immer mit:
Weniger Rachn und Alkohol
und mehr Spurt ma mochn soll.

Aufn Punkt gebrocht, ma koun Hundert Johr olt wern,
nur därf ma vorher holt nit sterbm.

Don Camillo - einst und jetzt

Will man als Pfarrer berühmt werden in unseren Breiten,
bedient man sich einfach Methoden aus alten Zeiten.

Ganz nach den Vorbildern von Don Camillo und Peppone,
gab es einen mächtigen Streit, nicht weit von hier, wo ich wohne.

Dem Schuldirektor und dem Arzt missfiel es arg sehr,
wenn die Kirchenglocken erschallten am Tag zehnmal und noch mehr.

So schrieben sie Briefe und es folgte eine mediale Schlacht,
was den schon bekannten singenden Pfarrer noch berühmter
macht.

Die Fronten waren verhärtet und keiner gab nach,
der Pfarrer zog weg und die Esel fallen in den Bach.

Ganz anders, auch bei uns in der Nähe, was man so hört,
hat der Pfarrer mit seinem Kirchengeläut, eine öffentliche
Kundgebung gestört.

Sofort waren die Zeitungen, das Radio und Fernsehsender da,
und der sonst so bescheidene Seelsorger wurde über Nacht
zum Superstar.

Ja, willst als Pfarrer Du in aller Munde sein,
dann schaltest halt öfter die Kirchenglocken ein.

Stadtpfarrkirche Fehring im Mai 2011

Dorfkindmomente

Wenn man spontan ins Kino gehen will,
aber dafür zuerst 30 min im Auto schwitzt.
Wenn in jedem zweiten Haus ein Feuerwehrmann sitzt.

Wenn Papa weniger Zähne im Mund hat, als Traktoren in der Garage stehen.
Betrunken die 7 km vom Fest im Nachbardorf zu Fuß nach Hause gehen.

Wenn Dich im Urlaub jemand fragt wo Du herkommst und Du eine 50 km entfernte Stadt nennst.
Wenn Du Jeden schon am Auto erkennst.

Wenn zum SMS schreiben oder Telefonieren sogar draußen der Empfang fehlt.
Wenn Großvater Geschichten von alten Zeiten erzählt.

Wenn einem jeden Samstag erstmals drei Stunden Rasen mähen winkt.
Wenn es mal wieder nach Jauche oder Hühnerstall stinkt.

Wenn man den Bus verpasst und auf den nächsten eine Stunde wartet im eisigen Wind.
Wenn die Parkplätze der Berufsschule wieder mit Traktoren vollgeparkt sind.

Wenn bei einer großen Familienfeier keiner hochdeutsch spricht.
Wenn man vom Dorffest heimkommt und es ist schon Tageslicht.

Wenn Traktoren als die teuersten Fahrzeuge im Dorf herumdüsen.
Wenn Kinder alle Menschen auf der Straße freundlich grüßen.

Wenn man in den Wald geht und ein Lager baut.
Wenn man nur Natur pur sieht, wenn man aus dem Fenster schaut.

Ja, wir Dorfkinder sind geschnitzt aus besonderem Holz,
ja, auch ich bin ein Dorfkind, und darauf bin ich stolz!

Dorfkapelle Pertlstein im Oktober 2008 (Foto: Gemeinde Pertlstein)

Im Dorf is wos geschehen

Servus Resl, schon lang nimmer gesehn,
jo host as schon gehört, im Dorf is wos geschehen.

Die Feierwehr oder Rettung san gestern Nocht gfohrn,
oder wors gor die Polizei mit Vollgetonhorn.

Wohrscheinli homs die Zenzl brocht ins Kraunkenhaus,
die Mitzl hot gsogt, dass sie gaunz schlecht schaut aus.

Vielleicht a vom Dorf da Bertl mit sein Mogengeschwür,
oder is gor uana dafrorn vor der eigenen Tür?

I denk beim Dorfwirt wor a mords Raferei,
gaunz sicher war da besoffene Korl ah dabei.

Gestern hob i zwoa gsehgn, dai hob i nit kennt,
vermutlich homs wo an Stoll niederbrennt.

Bestimmt san beim Autohändler unten beim Eck,
seit gestern Nocht a poar Autos nun weg.

Jo hoffentlich hot nit da Franzl hinten vom Grobm,
im Vullrausch gor sei Olte daschlogn.

Es hot sich herausgstöllt, es is gornix geschehen,
es is nur die übliche Dorftrotscherei gwen.

Tattoo, Tattoo - juchu!

Der Edi und die Moni wollen noch schöner sein,
ein Tattoo am Körper wäre darum fein.
So wird beschlossen, und tut es noch so weh,
man lässt sich tätowieren, vom Kopf bis zur Zeh.

Tattoo, Tattoo - juchu!

Ein kleines Röslein am Knöchel, ein Schmetterling am Hals,
eine Taube auf den Schultern, lassen sie stechen, beim Charly
in Hernals.
Im Urlaub geht es nach Thailand, da kommt dann im Nu,
ein riesiger Drache und ein Tiger am Bauch dann dazu.

Tattoo, Tattoo - juchu!

Am Unterarm eine Schlange,
bei der Moni eine kurze und beim Edi eine ganz lange.
Am Oberarm ein Anker und ein Krieger am Rücken,
lässt den Edi und die Moni voll Freude entzücken.

Tattoo, Tattoo - juchu!

Und wenn der Edi in der Nacht nicht schlafen kann,
schaut er sich die Bilder auf der Moni an.
Jahrzehnte später haben die beiden dann einige Kilo mehr,
und der Tiger wirkt alt und schwer.
Die Haut ist schlaff und faltig,
und der Anker verbiegt sich nun gewaltig.

Tattoo, Tattoo - vorbei mit juchu!

Das einst blühende Röslein hängt verwelkt auf den Hautfetzen runter,
und auch die Schlangen gehen zwischen den Falten unter.
Harmlos sieht der Krieger aus,
und der Schmetterling wird zur Fledermaus.

Tattoo, Tattoo - vorbei mit juchu!

Die Taube einst schlank und adrett,
wirkt nun megadick und fett.
Was die jungen Körper einst so schön verziert,
leider später dann den Glanz verliert.

Tattoo, Tattoo - vorbei mit juchu!

Und sind der Edi und die Moni nun die Alten,
ihre Bilder auf der Haut bleiben leider für immer erhalten!

Tattoo, Tattoo - willst das auch Du?

Vom Leben in der Wüste

Es gibt viel Leut, die wissen net,
wer oder wos is denn Belimed.
Doch noch mehr Menschen, des is gwiss,
können nicht erahnen, wie Belimed in Fehring gelandet is.

Wenn es Sie interessiert, dann hören´s zu weiter,
ich hoff, die Geschichte macht Sie heiter.

Begonnnen hots im 2000er Joahr,
ich grod auf der Stroßn woar,
von Innsbruck in Richtung Heimat gfohrn,
den Radio voll aufdraht und mitgsungen, so is ma ah nia fad worn.

Doch plötzlich stört ein Läuten mein Geplärr,
und ich nimm des Handy her,

bin neugierig wer so spät no stört,
am Abend sich des net mehr gehört.

Sie hören noch zu, des freut mich sehr,
bitte weiter zuahören, es kommt noch mehr.

So schau ich auf des Display drauf,
a Nummer aus der Schweiz scheint auf.
Ich heb holt ob und a ehemoliger Kollege is dran,
und ich sog des gfreit mich aber, dass Du ruafst mich wieder einmal an.

Wir plaudern über dies und das,
von alten Zeiten, des woar a Spaß.
Nur langsam is er aussagruckt
und hot so hin und her gedruckt,
bis er endlich gsogt hot um wos es geht,
hob ich schon 100 Kilometer zurückgelegt.

Es geht um an Job, er suacht an Mann,
der die österreichische Tochterfirma leiten kann.
Ich sog glei na, mir geht's so guat,
von meiner alten Firma will ich net furt.
Is schon fad? Des hoff ich net,
jetzt hörens gleich wias weiter geht!

Er gibt net auf zum Honig um mei Maul schmiern,
ich sull in die Schweiz kumman, ich hob jo nix zum verliern.
Nach weitere 50 Kilometer, es wor schon Nocht,
hom ma holt um des Friedens willen, an Termin ausgemocht.

So bin ich holt a poar Wochen später in die Schweiz gerauscht
und wir hom uns geistig ausgetauscht.
Schließlich kam auch der Standort der neuen Firma dann zur Sproch,
Salzburg oder Wien, des passert doch!

Dann hob ich gwusst, es woar fir nix,
denn eines woar für mich immer fix,
dass meine Heimat ich nia verloss,
und is des Angebot no so verlockend und so groß.

Ich sog: “Meine lieben Eidgenossen, wia stellts Ihr Euch des vor?“
Ich verloss do net mei Heimat, meine Freund, mei Theatergruppen und mein Vulkanlandchor!
Wenns mit mir weiterreden wollts, dann is ans gwiss,
dass der neue Standort Fehring in der Südoststeiermork is.

Ganz ungeniert,
hob ich dann den neuen Wirtschaftspark Grüne Lagune präsentiert.
Danoch bin ich hamgfohrn und mia homs versprochen,
man hört sich wieder in a poar Wochen.

Bold drauf is a Brief eingrauscht,
Sie hören noch, dann bitte lauscht!
Wia a Regenschirm, so gespannt,
bin ich in das Haus gerannt.

Acht Blätter worn im Kuvert,
darum woar der Briaf ah gor so schwer.
Einen Vertrag hatte ich dann in der Hand,
indem geschrieben stand:
„Der Verwaltungsrat stimmt dem Standort Fehring zu,
obwohl es in der Wüste liegt!“ – juhu.
…….obwohl es in der Wüste liegt,
normalerweis an Zorn man kriegt.

So, jetzt musst ich mich entscheiden,
lies genau a jede Seiten,
denn an Flop wollt ich vermeiden.
Lies nocheinmal Wort für Wort,
mindestens fünf Mal in einem fort.
Aber es woar alles mehr als fair,
sog ich nun jo oder na, es woar sehr schwer.

Doch meinem Motto stets ergeben:
„Von und für Veränderungen leben“
hob ich zuagsogt und sog jeder Frau und jedem Mann,
dass man „in der sogenannten Wüste“ wunderbor arbeiten und leben kann.

Denn dieses Fleckchen Erde gibt uns sehr viel,
man kann alles erreichen, wenn man nur will.
Und auch viele Namen trägt dies Land,
ob Thermen- oder Vulkanland,
ob Handwerks- oder Genussregion,
auch den ausgezeichneten Wein kennt man schon.

Doch die größte Kostbarkeit unserer Breiten,
sind die Menschen und deren Fähigkeiten,
ist deren Einstellung zur Arbeit und zum Leben,
die Selbstverständlichkeit mehr zu geben.
Die Art und Weise miteinander umzugehen,
bei Not und Elend sich zu helfen und nicht weg zu sehen.

Sie haben zugehört bis zum Schluss,
dafür ich mich bedanken muss.
Dass es in unserer „Wüste" so positiv weitergeht,
wünsch ich Alois von der Firma Belimed.

Eröffnungsfeier im Juni 2001 in der Grünen Lagune in Fehring

Waunn willst denn?

Auf wos wüllst denn worten, um Dir Deine lang gehegten Wünsche zu erfüllen?
Zu spät is, wenn sie Dich mit weißer Seide und sechs Holzbretteln umhüllen!

Waunn willst denn aufhören nur an die Karriere zu denken?
Wenn die biologische Uhr obglaufen ist, wird Dir der liebe Gott keine Kinder mehr schenken!

Waunn willst denn in das Land reisen, vom dem Du immer host getramt?
Wenn Du olt und grau bist, host Du olles versamt!

Wann willst denn den Berggipfel erklimmen, noch dem Du dich schon so lange host gesehnt?
Pock Dein Rucksack und moch Dich heute auf den Weg, denn die Zeit zu schnöll sie verrennt!

Waunn willst denn endlich für die Teilnahme an einem Marathon trainieren?
Wenn die Muskeln schlapp sind, mogst die 42 km nit amol mehr marschieren!

Waunn willst dir denn a Harley kafen und die Route 66 owiglühn?
Als olta Opa im Beiwogen wird sich des net mehr so cool anfühln!

Waunn willst denn die Fremdsproch lernen, die schon immer wor Deine erste Wohl?
Im Oltersheim wird dann für dich der normale Alltag schon zur Qual!

Der beste Zeitpunkt was zu tuan wor net gestern und is ah net morgen!
Darum hör auf zu sogen, irgendwann moch ich des, owa zur Zeit hob i andere Sorgen.

Bevor du zum Schauen kummst, bist Du olt und grau,
darum muasst Dein Leben heute ändern, des woaß ih genau!

Gerhard, Alois und Herbert am Großglockner im August 2015

Wennst sunst kane Sorgen host

Wennst sunst kane Sorgen host, dann schimpfst holt recht vül,
wenn da Nochbar zu Mittog den Rosen mahn wüll.

Wennst sunst kane Sorgen host, dann gibst an Beschwerdebrief raus,
wenn Du die Glocken zu oft hörst vom Gotteshaus.

Wennst sunst kane Sorgen host, dann schimpfst über olle Bauern beim Wirt,
nur weil ouna zu vül Mistwosser fiahrt.

Wennst sunst kane Sorgen host, lieferst der Polizei an Bericht,
nur weil a Hund im Park sei Notdurft verricht.

Wennst sunst kane Sorgen host, mochst um dein Wold rundum an Zaun,
damit Kuona durt Schwammerl suachen kaunn.

Wennst sunst kane Sorgen host, schreist mit'n Nochbarsbuam wüld,
nur weil er zu laut mit'n Radio spült.

Wennst sunst kane Sorgen host, wird a hohe Mauer um Dei Haus herumbaut,
damit da jo niemand in dein Gorten reinschaut.

Wennst sunst kane Sorgen host, werden ringsum Kameras auhbrocht,
und Olles und Jeder rund um die Uhr überwocht.

Für Deine Sorgen gabat i sehr vül Göld,
denn dann war i da glücklichste Mensch auf da Wölt!

As Göldtaschl ziagn

Wir mir woarn Buam, is mehr als 30 Joahr her,
kaum worn ma va da Schul dahuam,
houm man uns troff´n zu Fünft oder oft no mehr.
Da Karli, da Alfred, da Manfred und ah da Sepp,
da Helli, da Luis und da Reinhard, der kindische Depp.

Jetzt kou is jo verroten, wo unser Loger is gwen,
ba da Mühlstroß´n beim Boch unter da Bruck´n,
von außen fost net zum sehg´n.
Wos ma für unsa Liablingsspül braucht hom,
dais war ganz schnell gricht,
a olt´s Geldtaschl an a Fischaschnur aughängt und fertig die Gschicht.

Die Fischerschnur oder Sülk genannt wor ganz dünn, damit mas´s net sehg´n kaunn,
des Geldtaschl mitten auf die Brucken glegt, mehr wor net dran.
Schlau worn ma schon und damit man uns net siacht,
hom ma dos Sülk unta da Bruck´n durchgeben,
so ist des Geltaschl in die andere Richtung weg,
wenn man am Sülk anziagt.

Mia worn auf der Lauer und bereit und is auf da Stroß´n a Auto dahergfohrn,
dann hots so ausgschaut, als hätt do wer a Geldtaschl verloren.

As erschte Auto braust daher und bremst blitzschnell oh,
schiabt a poar Meter zruck, los geht die Show.
Schnell ziagn ma am Sülk, bis vom Geldtaschl is nix mehr zum Sehg´n,
auf jeden Foll schnella, bevor des Auto kummt zum Steh´n!
Die Türen fliag´n auf und zwor Männer san schon heraust aus´n Wog´n,
und suach´n vorn, hint und a unterm Auto wird gschaut, bis man hört si sog´n:
Des host da nur einbüld, do ist gor nix gwen!
Ka Wunder, des Geltaschl is längst im Boch drinnen gleg´n!

Die fohr´n weiter und mia legn des Geldtaschl wieder hin,
geht net lang her, bis da nächste in unserer Folln is drin.
Auf uamol do kimmt a ganz olta Mann mit an 15er Steyrá daher,
siacht des Geldtaschl, holt stüll, krallt vom Traktor, es follt iahm recht schwer.
Owa des Geld liegt auf da Stroß´n und wüll man es heb´n auf,
dann nimmt ma ah Knia- und Kreizweh in Kauf.

Herunt is er nun, doch wos muass er sehn´n?
Nix, woahrscheinli tuat er genau mit´n Traktor drauf stehn.
So krallt er wieda aufi, wia gsogt, es follt iahm recht schwer,
legt an Gang ein, Taff, Taff a poar Meta fiari,
und glaubt, dann siacht er mehr.

Und wieda owa, die gleiche Materei,
und suacht und suacht, des kaun jo net sei.
Er nimmt ob sein Huat und krotzt sich am Kopf,
uns hot a schua load taun, der orme Tropf.
Dann steigt er wieda aufi und denkt si, wos host do wieder dau,
jetzt fangst als a Olta zum Spinnan no au.

Der duckert dann furt, deis Geldtaschl wird wieder positioniert,
glei wird da Nächste ohne einschmiern rasiert.
Und wer kimmt daher, wir kennans kaum glaubm,
a Pater vom Schloß Johnsdorf, wüll ah des Tascherl aufklaubm.

So hupft er holt aussi, aus sein blauen Fiat 500er,
nur des Göldtascherl siacht er nit mehr.
Mia hob´ns schon wegzogen und zu seinem Graus
hob´m man alle lautstork ausglocht und spenden Applaus.
Doch er ah nit fad und fongt zum Predigen an:
Ihr gehört in die Raab, mit einem großen Stein dran!

Da Fredl schreit zruck, do brauchans an sehr großen Stoa,
wals Sie homs mit an riesigen Schouck Buam do zum tua.
Er steigt wieder ein und glaubt mas für olle Zeit,
dass er do ist stehn blieb´n, des hot er bereit.

So ham man so manchen Nachmittag verbrocht,
ham zammgholten und Heitz ghobt, und jede Menge glocht.
Zum Spüln hom ma braucht nur a Geldtascherl und a Schnur,
koun Fernseher und ah koun Computer, für uns wor des mehr als gnua.

Brücke mit Fischaufstieg bei der Raab in Pertlstein im März 2016
(Foto: Gloria Neumeister)

Da Autoreifen

Wir mia Buabm san gwen,
hom ma uns jeden Tog am Nochmittog gsehn.

Mei Bruader, meine zwoa Cousins und i,
nochdem i da Jüngste und Kleinste woar, triffst Unheil ah immer mi.

Auf an Bam homs mit an Strick an Autoreifen aufghängt,
und mia a gratis Ringelspülfoahrt gschenkt.

Da Obstand vom Reifen zum Bam woar so lang,
dass i mit meine kurzen Fiaß grod nit an Boden owiglang.

Zerscht homs mi einigsetzt und dann is owa no hecha worn.
wal sei san ewigig mit'n Reifen und mir im Kreis herumgfohrn.

Dos hoasst, sei hom den Reifen so lang draht,
bis da Strick ganz zammgwuzelt wia a Striezl vom Bam owawaht.

Und dann homsn auslosn, und es geht blitzschnöll los,
da Strick wickelt si o, und meine Augen wern groß!

Es is immer schnöller worn,
i hob mi nit auskennt, wo is hint, wo is vorn.

I wult stork sein, und hob mir gedocht, bis a ogwickelt is holt is aus,
owa leider hot sie da Strick dann wieder in die andere Richtung aufdraht, es wor a Graus!

Und so hots mi holt draht, uamol in die ouni Richtung, dann wieder zruck,
und langsam do gspür i, im Mogen so an Druck.

Mia is sauber schlecht worn, und wal da Reifen holt nit stehn is bliebm, hob i dann rundumadum olles vullgespiebm!

Die Andern hom glocht, owa glaubts mas echt,
mia wor in mein ganzen Leben nie mehr so sauschlecht!

Da Helli – Gedicht zum 50iger

Jo liabe Leit, hörts ma zua,
i erzöhl Eich wos, drum gebs a Ruah!
A jedes Wort is wirkli wohr,
es geht um die letzt´n 50 Joahr!

Wer is nun dieser Helli von dem i do dazöhl,
ba an andern was ma wia da wöl,
doch dieser Helli, is net wia a Jeder,
is stärker, grösser und koa Bleder.

Es wor am Pfingstmontag, den 18. Mai im 64er Joahr,
kurz noch 7:00 Uhr tat er seinen ersten Schrei hervor.
Nur 3 Kilo 40 hot er ghobt und des is wohr,
as Mülchflascherl wor immer ganz schnell goar.

Sei Vater, da Luisl is bei der Leca gwen,
weit und breit wor er bekannt und auch sehr gern gesehen.
Sei Mutter, die Anna, den Hausholt lenkt,
und hot insgesamt 3 Kindern das Leben gschenkt.

Mit seinen Geschwistern, der Anita und dem Luis hot er sich
guat vertrogen,
jo so gaunz genau kaun ma des heit nit mehr sogen.

Oba zruck zum 18.05.1964 wos is do sunst no gwen,
beziehungsweise, wos is do ah no geschegn?
An dem Tog, an dem die Anna den Helli im LKH Feldbach
gebar,
da Thomas Gottschalk genau 14 Joahr olt war.

Oder Johannes Paul der Zweite feiert sein 44iger an diesem
Tog,
und schau´n ma noch auf´s Horoskop,
so is da Helli a Stier holt worn,
in China wäre er unter dem Zeichen des Holz-Drachen geboren.

Die Joahr vafliegn und Helli muass von 1971 bis 1975 in die
Volksschul geh´n,
doch richtig hot a goar nia meg´n!

Die Hauptschul von 1975 bis 1979 sitzt er ah holt ob,
doch am Nochmittag dann glei zur Roob,
als Holbstorker er mit da Stuarschleuder schiaßt oder fischt,
ah wenn er sölten wos dawischt.

Die Schule hot er guat pariert,
und damit aus iahm ah wos Vernünftig´s wird,
is er zur Lehr zur Fa. Puntigam noch Feldbach holt marschiert
und hot von 1979 bis 1983 ah die Landesberufschule in Mureck
erfolgreich absolviert.

Im 80iger Joahr is sei Vater g´storbn,
so is er mit 16 Joahr schon Holbwaise worn.

A neigs rotes Puch Maxi Moped wor sein Fortbewegungsgerät,
er hot damit Sochen gmocht, die ma heit nit mehr versteht.
Am dritten Tog an Willi gmocht, as Moped wor eigentlich no nei,
da Kotflügel ist scho aufigstanden, jo deis hot missn sei!

Mit 18 dann da Führerschein, und des, des wor a Graus,
so rottet er in kurzer Zeit, alle Opel Manta aus.
Auch Fiats hobm sterben mian und BMW´s holt ah,
eahm ist wenig passiert, ein Dank dem Himmelvata!

Und auch gedient beim Bundesheer,
wor a lockere Zeit, beim Militär.
Irgendwann muss es dann doch sein,
kehrt auch beim größten Urvich die Vernunft dann endlich ein.

Die Zeit vergeht und aus dem Helli wird ein Mann,
der als Schlosser so guat wie olles kann!

Ob in Graz beim Plabutschtunnel Röhre eins und zwei,
oder in Deutschland beim Kaiserwillhelmtunnel war er auch
dabei.
Auch mit dem Spezialbohrgerät von der Firma Swietelsky war er
in Wien,
oder in München beim Bau der U-Bahn untendrinn.
Auch viele Jahre beim Gottharttunnel zwischen der Schweiz und
Italien,
wurde ihm sogar der Weltmeistertitel verliehen.

Auch für die Feuerwehr nimmt er sich Zeit,
seit Jugend an ist er dabei mit großer Freid.

1989 is dann wos passiert
und hot des Herz vom Helli goanz verwirrt.
Ingrid Konrad, wor der Name,
sie wor aus Paldau, die besagte Dame.
Im P30 in Paldau die Bekanntschoft gmocht,
da Helli hot sich's glei angelocht!

Da Anfang wors vom schönen Märchen,
und Helli und Ingrid worn a Pärchen.
Aus Pertlstein 140 zog er 25ig jährig dann aus,
nach Puch 14, in Ingrid´s Elternhaus.

Die letzten 25 Jahre hat er nun in Paldau verbrocht,
und die Ingrid hot viele Höhen ober auch olle Tiefen mitgemocht.
Am 6. Juli 1993, kaum kann es Schöneres geben,
trat seine Tochter Tina in sein Leben.
Da er beruflich in Wien und leider nicht frei bekam,
er erst nach 3 Tagen seine Tochter in den Arm stolz nahm.
Den Namen Tina nach Tina Turner durfte er auswählen,
und als zweiter Vorname durfte Viktoria auch nicht fehlen.
Am 23. August 1997 hört man es gaunz laut läuten,
jo wos wird deis do wuhl bedeuten?
Hier kummt die Braut, jetzt wird getraut
und da Helli, der hot sie wirkli traut!

Am 5. Oktober 1997 ging es nach Gran Canaria in die
Flitterwochen,
jo, do würde er auch gerne wieder Urlaub mochen.
Als die Tina dann 10 Joahr olt wor, wors mit der Ruah vorbei,
denn da Lukas tat am 7. August 2003 seinen ersten Schrei!

Nachdem da Franz, die Anita und da Luis lauter Dirndl´n hob´m,
ist da Lukas, da erste Bua in da Familie wirklich a Sensation!

Vor einigen Jahren erfüllte er sich auch einen Traum,
mit seinem viel geliebten Partyraum.
Sowie die Partyraumtür aufgeht, oh wie fein,
trudeln ah schon seine tollen Nachbarn auf ein Bierchen bei
iahm ein.

Er lost sich´s oba ah im Urlaub guat gehen,
im Summer kann man iahm in Kärnten an sehr schönen Platzeln sitzen sehen.
Im Februar 2012 ging es iahm ziemlich beschissen,
denn do hot´s iahm von da Loata owigschmissen.
Glück im Unglück, die Hüften die wor hin,
seitdem hot er a metollane Hüften drinn.

Seit 26. Oktober 2013 siagt er wieda wie a Lux,
denn er wor zum Augenlasern in Istanpul, der schlaue Fuchs.

Zu seiner jetzigen Baustell zum Koralmtunnel nach Deutschlandsberg hot er es amol nit so weit,
wos nit nur iahm sondern ah seiner Familie sehr gfreit.
Und wenns uan amol schlecht geht oder nix funktioniert, oder gor olles nur mehr raucht,
is er immer zur Stell, wenn ma iahm dahoum amol dringend braucht.

Bevor i zum Schluss kimm, nemmst Euch an der Nos´n,
in sein Leb´m wor net vül dem Zufoll überloss´n,
da Helli stand stets mit beiden Fiaß im Leben
wor immer fleißig und hot stets versuacht dos Beste zu geben.

So war no vül erwähnenswert,
ober nochdem i woas, wos sich kehrt,
wird's Zeit, dass i zum End nun kimm,
doch zum Schluss i mir die Freiheit nimm:

Zum 50er, Deinem heutigen Feste,
wünschen wir Dir das Allerbeste!
Möge Gott auch weiterhin Dich begleiten,
und hör nie auf, Optimismus zu verbreiten!
Gesundheit soll Dir stets erhalten bleiben,
zum 80iger werd ich Dir wieder schreiben!

Helli bei seiner 50iger Feier im Mai 2014 zu Hause in Puch/Paldau

Da Hansi – Gedicht zum 60iger!

So Leitln, gebs a Ruah
und hörts ma bitte zua!
A jedes Wort is wirkli wohr,
is ehrlich gmoant und kummt von Herzen,
es geht um die letzt´n 60 Joahr,
a poar Zeilen über viel Freud und wenig Schmerzen!

Wer ist des nun von dem i do dazöhl?
Er is wirklich ein lustiger Gesöll.
So hörts ma zua gounz schnöll,
der Hansi is a guate Söl.

Es wor am Christtog um 8 Uhr 10 im 47er Joahr,
do tat er in Höflach 64 seinen ersten Schrei hervor.
Die Leit hom gsogt, deis is kua Witz,
an Buam hot a kriagt, da „rote Blitz“.

Sei Vater, da Johann Koller is bei der Steweag gwen,
im ganzen Bezirk wor er als Elektriker gern gesehen.
Sei Mutter, die Anna, den Hausholt lenkt,
und hot zwei weiteren Kindern noch das Leben gschenkt.

Mit seinen Geschwistern, der Waltraud und dem Fritz hot er sich
immer guat vertrogen,
so lang sie Jo und Amen sog´n.
Oba zruck zum 25.12.1947, wos is do sunst no gwen,
beziehungsweise, wos is do ah no geschegn?

Während da Hansi is geboren,
hot Rapid Wien gegen Anderlecht Brüssel 4:6 verloren.
Oder die Verfassung der Republik China entstand an diesem
Tog,
und schau´n ma noch auf´s Horoskop,
so hot man für den Hansi den Steinbock auserkoren,
in China wäre er unter dem Zeichen des Schweines geboren.

Die Joahr vafliegn und Hansi muass in die Volksschul geh´n,
doch richtig hot er goar nia meg´n!
Die Nochkriagszeit wor kua leichte Zeit,
und er hot damit viel Freid,
wenn er Sunntogs kann noch Fehring marschieren,
um in da Kirchen zu ministrieren.

Die Hauptschul sitzt er ah holt ob,
doch am Nochmittag dann glei zur Roob,
als Holbstorker er ganz gern fischt,
ah wenn er sölten wos dawischt.

Als Jungscharführer wor er ah aktiv,
wos er organisiert, geht bestimmt net schief.
Die Schule hot er guat pariert,
und damit aus iahm ah wos Vernünftig´s wird,
is er zur Lehr zur Fa. Gmeiner noch Söchau holt marschiert.

Turt hot er vom Zucker bis zur Kohle olls verkaft,
auch die Berufschul locker g´schafft.

Danoch gedient beim Bundesheer,
wor a lockere Zeit, beim Militär.
Gefolgt san 2 Joahr in Fehring bei der Fa. Schneider,
hot verkaft rustige Nägel und die feinsten Kleider.
Ab 1969 bei der Fa. Moden Müller in Klagenfurt,
er dann olles Mögliche verkaufen tuat!

Doch dann is wos passiert
und hot des Herz vom Hans verwirrt.
Bernadette Gogg, so der Name,
sie wor aus Fehring, die besagte, junge Dame.
Am 5. Jänner 1972 beim Fehringer Jugendball die Bekanntschoft gmocht,
da Hans hot sich's glei angelocht!
Owa a nur weil ihr älterer Bruader da Peter ihm den Auftrog hot erteilt:
„Pass auf die Bernadette auf und schau, dass sie sich nicht langweilt!"

Hinterher red´s sich zwor leicht,
owa da Hans hot da Bernadette später beicht,
dass er schon vorher von ihr kein Auge ließ,
wenn sie zum Beispiel ins G´schäft um a Nähseidn kumman is.

Er hot sich denkt, sie is zu jung und er losst es besser sei,
weil heit zu Tog spirrn´s dich wegen sowos glei 8 Monat ei.
Doch nun wor es da Anfang vom schönen Märchen,
und Hänsl und Bernadette worn a Pärchen.

Im Sommer 73 sans auf Urlaub noch Mörbisch g´fohrn,
die Bernadette musste sich von Hansis Schwester a Bodehaub´m ausborgn,
und wia die Bernadette in Mörbisch den Koffer auspockt,
wor a Marienbüldl dabei, sie wor gaunz gschockt.

Des hot die Waldtraud houmlich eini bevors san furt,
damit die heilige Maria auf die Bernadette aufpassen tuat!
Am 27. Oktober 73 hört man es gaunz laut läuten,
jo wos wird des do wuhl bedeuten?

Hier kummt die Braut, jetzt wird getraut
und da Hans, der hot sich wirkli traut!
Noch 21 Monat heiraten ist recht glei,
die Leit hom gsogt, es hot mian sei!

Gewohnt homs dann in Klogenfurt die Zwei,
hot 4 Joahr dautert, bis worn Drei.
Warum vier Joahr is schnell erklärt,
weil da Hans beruflich vül durch die Gegend fährt.
Von Gleisdorf bis St. Pölten war er der Mann,
der Moden Müller Filialen leiten kann!

Doch bald war er fix als Disponent in Graz am Tun,
einige Monate pendeln Klagenfurt – Graz folgten nun.
Eine Wohnung war in Graz dann bald gefunden,
und man hatte wieder für sich mehr Stunden.

Zwoa Kinder hot der liabe Gott den Beiden gschenkt,
eine Tochter und einen Sohn und wenn man bedenkt,
dass Michaela und Christian schon länger ihr Studium
obgeschlossen hom,
die Zeit verrennt, i muass schon sog´n!

1991 zogen die Vier, oh wie fein,
ins neue Haus, in Fernitz ein.
Doch nit nur um sei Familie und seine Firma hot er sich g´schert,
das Wohlergehen der ganzen Gemeinde wor iahm ah vül wert.

So hot er 5 Joahr dos Amt des Gemeinderats bekleidet,
um des so Mancher iahm sicher net beneidet.
Und erst vor neun Joahr´n mit 51, hörts her,
mocht er die Prüfung für die Betriebsfeuerwehr!

Mittlerweile stieg er zum Betriebsratsvorstand bei Vögele
Österreich die Karriereleiter empor,
und bereits 2009 sind es 40 Joahr,
dass bei seiner Firma sein erster Orbeitstog wor.

Bevor i zum Schluss kimm, nemmst Euch an der Nos´n,
in sein Leb´m wor net vül dem Zufoll überloss´n,
da Hans stand stets mit beiden Fiaß im Leben
hot immer versuacht dos Beste zu geben.

Vielleicht sollt man ein Hobby noch verraten,
da Hans kanns gor nit erwarten,
bis das Wochenend zieht ein,
und er so richtig faul kann sein!

Doch die Gartenarbeit und den Geschirrspüler ausräumen muss er tun,
also bleibt wieder ka Zeit, sich auszuruhen.
Schwimmen und Nordic-walken tut er aber auch,
das alles nur, für seinen Waschbrettbauch!

So wär no vül erwähnenswert,
ober nochdem i woas, wos sich gehört,
wird's Zeit, dass i zum End nun kimm,
doch zum Schluss i mir die Freiheit nimm:
Zum 60er, Deinem heutigen Feste,
wünsch ich Dir, das Allerbeste!
Möge Gott auch weiterhin Dich begleiten,
und hör nie auf, Optimismus zu verbreiten!
Gesundheit soll Dir stets erhalten bleiben,
zum 90er werd ich Dir wieder schreiben!

Da Toni – Gedicht zum 70iger

Bitte aufpassen liabe Leit,
mochts mir bitte diese Freid,
tuats schön zuhörn wos jetzt kummt,
es dauert nit amol a Viertel Stund!
A jedes Wort is wirkli wohr,
is ehrlich gmoant und kummt von Herzen,
es geht um die letzt´n 70 Joahr,
a poar Zeilen über viel Freud und ah Schmerzen!

Wer is nun dieser Toni, von dem i do bericht?
Hört´s zua, jetzt kummt die G´schicht!
Es wor am 15. Juni im 36er Joahr,
do tat er seinen ersten Schrei hervor.
Beim Hortmaurer hom die Leit gsogt,
is beim Rachfoung da Storch obm g´hockt.
Anton und Maria Koller ham an Buam kriagt und Anton homs´n

tauft,
und bold er ah auf´n Hof Pertlstoan 7 umanonderlauft.

Er wor da Jüngste von 6 Kindern -
so jetzt von vorn, wia sie san geborn:
1923 da Hansl, 1924 die Mitzi, 1928 die Pepperl,
als nächstes nit da Sepperl,
na 1929 wor es die Nani, 1930 dann die Linerl
und 1936 da Toni, als das jüngste Kinderl.

Doch bevor er laft, wird er mit´n Kinderwogen gfiahrt,
von da Mitzi und da Nani, und schon is es passiert.
Hinterm Haus hobn´s obiglat,
so dass er an Berg obikuglt,
nix passiert, nur a bisserl übermuglt.

Die Joahr vafliegn und da Toni muass in die Volksschul geh´n,
doch richtig hot ah er nit meg´n!
Kriagszeit wor, kua leichte Zeit, doch trotzdem war´s sei Freid,
wenn´s ghoassen hot: Fliegaalarm,
Schule aus und olle schnell ham!
Im 45er Joahr ist die Schul obrennt,
und von nun an wird ins Schloss Stein noch Petzelsdorf zur
Schule grennt.

Wia er so um die 10 Joahr olt,
der erste Schnee, es woa saukolt,
do is ihm a schworzer Hund zugrennt,
den hot er Buberl gnennt.
O´gstochn homs grod dahoam,
da Toni kimmt mit´n Buberl hoam.

G´furttert homsn guat, da Buberl wollt gor nit mehr furt.
Doch da domolige Birgermoasta Unger hots aufklärt,
dass der Hund da Fam. Wuritsch in Gossendorf gehört.

Die Zeit des Wiederaufbau´s ziacht ins Land,
da Toni gern am Hof legt an die Hand,
aus dem Toni wird ein Mann,
der so guat wie olles kann!

Die Schwestern Mitzi und Nani san zum Orbeit´n in die Schweiz für Johre furt,
er drum sehr viel alloani am Hof orbeit´n tuat.
Im 62 Joahr is sei Vater g´storbn,
so is er mit 26 Joahr schon da Bauer worn.
In Schwengental beim Unger-Haus do hots drei feschi Dirndln geb´n,
do siacht ma ah den Toni öfter fensterln geh´n.
Ah andere Buam worn beim Fensterln durt,
da Toni nix liaba, als denen ihre Mopeds versteck´n tuat.

Doch im Oktober 63 is dann wos passiert
und hot des Herz vom Toni goanz verwirrt.
Ernestine Zeiler, wor der Name,
sie wor aus Johnsdorf, die fesche Dame.
Beim Herbstfest in Johnsdorf die Bekanntschoft gmocht,
da Toni hot sich's glei ang´locht!

Da Anfang wors vom schönen Märchen,
und Toni und Erna worn a Pärchen.
Am 1. Feber 1964 hört man es gaunz laut läuten,
jo wos wird des do wuhl bedeuten?

Hier kummt die Braut, jetzt wird getraut
und die zwoa homs si schon noch 3 Monat traut!
Und nun, 8 Joahr ist nur noch a kurze Zeit,
bis mit der goldenen Hochzeit is soweit!

3 Kinder hot der liabe Gott den Beiden gschenkt,
1 Dirndl, zwoa Buam und wenn man bedenkt,
dass Alfred, Anneliese und Herbert ah schoa Kinder hom,
die Zeit verrennt, i muass schon sog´n!

7 Enkerl hot der Toni und ist ganz stulz,
auf Tanja, David, Anna Maria und Christina,
auf Eva, Barbara und Elisabeth
er spielt mit sei, iahm is nia z´bled.

Faul wor er nia,
hot baut 1974 an großen Stoll für die Kiah,
und 1976 -1980 ein feines Haus für seine Lieben,
oben am Kollerriegl Pertlstoan Nummer Sieben.

Doch nit nur um sei Familie und sein Hof hot er sich g´schert,
ab Mai 1973 er täglich zusätzlich zur Orbeit ins Lecawerk fährt.
Ah Führerscheine hot er gmocht glei drei,
nit aufuamol, warum sulls uafoch sei.
Zerscht firs Motoradl, dann firn Traktor dazua,
1980 firs Auto, dann wor erst a Ruah!
Mit seina Mutter, da Oma hobn sich olle guat vertrog´n,
am 11. Oktober 1984 hot noch an langem, orbeitsreichem
Leben, ihr guates Herz aufgehört zum Schlog´n.

Doch no wos is in sein Leb´n gscheh´n,
und jeder hot iahm im Kino und im Fernsehen g´sehn.
Im Winter 1967 hom´s in Pertlstein a Fülmdorf baut,
Darsteller homs gsuacht, da Toni hot si ah traut.

„Das Schloss“ von Franz Kafka wurde draht,
da Toni hot sogor mit da Hauptdarstellerin tanzt, woar gor net
fad!
Olli homs sich gfiacht,
dass man den Toni bold nit mehr in Pertlstoan siacht.
Doch Gott sei Dank is der Anruaf aus Hollywood nit kommen,
denn dei hätt´n uns glott den Toni weggnommen.

Auch für die Feuerwehr nimmt er sich Zeit,
seit Jugend an ist er dabei mit großer Freid.
Den wohlverdienten Ruhestand vom Lecawerk,
geniest er nun seit 1993, noch 20 Johren wohl bemerk!

Die Landwirtschoft fiahrt seit 1996 der Herbert, sein jüngster
Sohn ganz toll,
owa an Vatern find ma ah no immer regelmäßig in da Friah und
am Abend im Stoll.

Er lost sich´s oba besser gehen,
im Summer kann man iahm auf da Olm im Urlaub sehen.
Dahoum wird Kort´n g´spielt oft und gern,
dabei kann man ah oft die besten Sprüche hör´n.

Mit´n Posch Korl und da Resl,
mit´n Krenn Sepp und da Annemarie,
wird tischhoch gspielt und gstritten nie!

Auch vorm Seniorenbund hot er sich kinnan nit versteck´n,
er mocht a Hetz, tuat Leit gern neck´n!
Bevor i zum Schluss kimm, nemmst Euch an der Nos´n,
in sein Leb´m wor net vül dem Zufoll überloss´n,
da Toni stand stets mit beiden Fiaß im Leben,
wor stets bemüht dos Beste zu geben.

So wär no viel erwähnenswert,
ober nochdem i woas, wos sich gehört,
wird's Zeit, dass i zum End nun kimm,
doch zum Schluss i mir die Freiheit nimm:
Zum 70er, Deinem heutigen Feste,
wünsch ich Dir, das Allerbeste!
Möge Gott auch weiterhin Dich begleiten,
und hör nie auf, Optimismus zu verbreiten!
Gesundheit soll Dir stets erhalten bleiben,
zum 100er werd ich Dir wieder schreiben!

Da Hansl – Gedicht zum 70iger

Jo liabe Leit, hörts ma zua,
i erzöhl Eich wos, drum gebs a Ruah!
A jedes Wort is wirkli wohr,
is ehrlich gmoant und kummt von Herzen,
es geht um die letzt´n 70 Joahr,
a poar Zeilen über viel Freud und wenig Schmerzen!

Wer is nun dieser Hans von dem i do dazöhl,
ba andern was ma wia da wöl,
doch dieser Hans, is net wia a Jeder,
und obsolut koa Bleder.

Es wor am 8. Mai im 35er Joahr,
do tat er seinen ersten Schrei hervor.
Die Leit hom gsogt, beim Strossenzach,
do ging es owa gach.
Sei hom an Buam kriagt und Hansi hoams´n tauft,
und bold er auf´n Hof Pertlstoan 29 umanonderlauft.

Die Joahr verfliegn und Hansi muass in die Volksschul geh´n,
doch wer hot schon wirkli Schul gehn meg´n?
Kriagszeit wor, kua leichte Zeit,
doch trotzdem war´s ah sei Freid,
wenn´s ghoassen hot: Fliegaalarm,
Schule aus und olle schnell ham!
Sein 10ten Geburtstog hot ma gfeiert in jedem Haus,
8. Mai 1945, endlich is der Kriag jetzt aus!

Die Zeit des Wiederaufbau´s ziacht ins Land,
aus dem Hansi wird ein Hans,
der gern am Hof legt an die Hand,
wos Kaner kann, da Hans der kanns!
Damit von der Landwirtschoft er noch mehr versteht,
er fleissig auf die landwirtschoftliche Fochschul geht!

Doch dann is wos passiert
und hot des Herz vom Hans verwirrt.
Margaretha Gsöls, wor der Name,
sie wor aus Oberweissenboch, die nette Dame.
Beim Landjugendfest die Bekanntschoft gmocht,
da Hans hot sich's glei angelocht!
Da Anfang wors vom schönen Märchen,
und Hänsl und Gretl worn a Pärchen.
Am 7. Oktober 58 hört man es gaunz laut läuten,
jo wos wird deis do wuhl bedeuten?
Hier kummt die Braut, jetzt wird getraut
und da Hans, der hot sich wirkli traut!
Und nun dauert es nur noch ein wenig Zeit,
bis mit der goldenen Hochzeit is soweit!

4 Kinder hot der liabe Gott den Beiden gschenkt,
3 Dirndln, oun Buam und wenn man bedenkt,
dass Maria, Elisabeth, Johannes und Christine ah schoa Kinder
hom, die Zeit verrennt, i muass schon sog´n!
7 Enkerl hot der Hans und ist ganz stulz,
auf Marco, Mark und auf Verena,
auf Patrizia und Katharina,
auf Sebastian und Florian,
den Opa man nur lieben kann!

Doch nit nur um sei Familie und sein Hof hot er sich g´schert,

das Wohlergehen der ganzen Gmeindi wor iahm ah vül wert.
So hot er dos höchste Amt bekleidet,
um den so Mancher iahm sicher net beneidet.
Als Bürgamoasta von 71 bis zum 94er Johr,
stand er der Gemeinde zu Oberst vor.
Vül hot er gschofft und vül is gschehn,
seine Projekte kann man im ganzen Dorf ah sehn.
So is mit jed´n Bildstock, Kreiz, Marterl oder Kapölln wos
passiert,
und olles wurde feinsäuberlich renoviert.
Hot g´schaut, dass Pertlstoan a Umfohrung kriagt
und ah die Roob hams reguliert.
Und hot uaner mit sein Nochborn gstritten,
da Bürgamoasta sorgt für Frieden.
Is wo a Keibl zan ziachan gwen,
da Hansl hot nia na sog´n megn!

Doch noch Etwas hot ihn stets begleitet,
und iahm durchs ganze Leben leitet.
Er is sehr gläubig und lebt nach Gott,
bekämpft die Ormut und die Not,
verbringt vül Zeit im Gottes Haus,
teilt sonntags ah die Hostien aus.
Wor lange Zeit Pfarrgemeinderat,
wo er in Fehring uns guat vertrat,
und nun is er noch vül mehr,
als geschäftsführender Vorsitzender!

Ah die Abtei St. Gabriel,
wor für ihn immer an oberster Stell.
Mit Hrabanus Heddergott,
dem Vater Abt, hot er ein ganz besonderes Verhältnis ghobt.
Die Schwestern hot er gern besuacht,
und immer des Unmögliche versuacht,
dass Schloss Bertholdstein nit den Glanz verliert,
an Verein hot ma sogor initiiert.
Bei den Freunden und Förderern der Abtei St. Gabriel,
steht er als geschäftsführender Vorsitzender an vorderster Stell.

Bevor i zum Schluss kimm, nemmst Euch an der Nos´n,
in sein Leb´m wor net vül dem Zufoll überloss´n,
da Hans stand stets mit beiden Fiaß im Leben

hot immer versuacht dos Beste zu geben.
Und is iahm amol wos unangenehm,
siacht ma iham den Ring am Finger drehen!

Vielleicht sollt man ein Hobby noch verraten,
da Hans kanns gor nit erwarten,
bis der Herbst ins Land zieht ein,
und er erntet in Edersgroben sein guaten Wein!

So war no vül erwähnenswert,
ober nochdem i woas, wos sich gehört,
wird's Zeit, dass i zum End nun kimm,
doch zum Schluss i mir die Freiheit nimm:

Zum 70er, Deinem heutigen Feste,
wünsch ich Dir, das Allerbeste!
Möge Gott auch weiterhin Dich begleiten,
und hör nie auf, Optimismus zu verbreiten!
Gesundheit soll Dir stets erhalten bleiben,
zum 100er werd ich Dir wieder schreiben!

Das Geschenk fürn Onkel Toni

Du host zwor gsogt, wir derfn nix tuan oda kafen,
owa mit leere Haind wullt ma ah nit daherlafen.
Wir, Deine Nichten und Neffen hom uns in den letzten Wochen,
ordentlich den Schädel zerbrochen,
wos zu Dein Ochtziger passend wär,
es wor für uns wirklich schwer.

Es sull nit zgroß sein ah nit zklua,
ah koa Glump, von dem kriagst eh gnua.
Zum Beispiel a Kuh aus Weidn vorm Haus,
schaut jo wirkli super aus,
frali, gibt sie schön a Ruah,
frisst owa nix und nimmt nix zua.

Verstöllt an Plotz und riahrt sich nit,
gibt bam Mölchen schein an Fried,
und strengt ma sich no so sehr au,

die Weidenkua, kua Mülch gebm kau.
Eventuell Kosmetikprodukte für Männer,
besser nit, dann wirst jo no schainer.
Zum Essen und Trinken host Du gnua,
und zvül is ungsund und Du nimmst gach zua.

So zehn Tofeln Schokolad Milka warn ah nett,
owa, do wirst uns am End zu fett.
Ein poar Torten wollten wir dir mochen,
aber Du mochst dir jo nix aus siaße Sochen.

A poar Flascherln Wein von vorigs Joahr,
wor nit maigli, an Leo sein guater Wein ist leida goar,
wal Dei Schwester die Nani mitn kafen schnöller woar.
Und der Wein von heuer?
Zuvül ohgfrorn, der wor uns zu teier!

A Joahreskorten firn Fuaßbollplotz war a Hit,
wal do spült jo Dei Enkal mit.
Nur leider san sie Moaster gworten,
und fir die Gebietsliga wor sie uns zu teuer, die Korten!
Und iwahaupt host eh Arbeit gnua,
kein normaler Mensch schaut beim Fuaßboll zua,
wenns im Stoll und am Ocker gibt Orbeit gnua.

Werkzeug follat uns zum Orbeiten gnua ei,
a Mistgobel und an Rechen firs Hei.
Owa Du host die gschunden in Dein Leibm gnua,
besser is, da Herbert orbeit und Du schaust zua!

Neigi Schnopskorten wollten wir organisiern,
owa leida ist bei da Raika zur Zeit nix gratis zum Kriagn.
Mia homs ah bei da Sporkassa probiert, beim besten Wülln,
owa leida muasst mit Deiner Kordenrunde mit die olten weiter spüln.
Und san die Korten no so olt und verschmiert,
Hauptsoch is, dass ma nit verliert!

Uns is Gott sei Dank no wos Gscheits eingfolln,
ah die Ingrid, hätts gern woll.
Und willst Du es nun sehn,
dann muasst mit uns olle ins Freie gehn.

Wos es is, verrot ma nit,
liaba Onkel Toni, kimmst holt mit!
Es wird a mol groß, jetz is klua,
Du host jeden Tog damit wos zan tua.
Es is fir draussen und fir drinn,
na, kimmt Dir schon wos in den Sinn?
Und tuast uns noch dem Namen frogn,
tatn mia Dir den vom Geschenk ah gerne sogn,
owa es tuat kua Namenschüdl oben kleben,
den Namen, muasst Du selbst Deinem Geschenk geben.

So, jetzt is so weit, wir hoffen, Du host damit a Freid.
Deine Nichten und Neffen wünschen zu Deinem Wiegenfeste,
Dir nur das Allerbeste!

Walter B. und Onkel Toni mit seinem aussergewöhnlichem Geschenk zum 80iger im Juni 2016

Die Augwahtn

Ich seh´s als meine Pflicht,
zu erzählen Euch eine G´schicht,
von den sogenannten Augwahtn,
dei Zwoa san kani faden.
Für jene, wos kouni Fremdsprochen beherrschen,
sport´s euch die Recherchen,
ihr werd´s as in koan Wörterbuach finden,
nit voarn und ah nit hinten.
„Die Augwahtn“ hoast auf Hochdeutsch, passt nun auf,
„Die Angewehten“, so, jetzt nimmt die Gschicht ihrn Lauf.

Wer san nun die Zwoa, die „die Augwahten“ werden genannt?
Sei san a Poar und normalerweise kennt man sie im ganzen
Land.

Do war amol die Barbara,
und der Christian is ihr Hawara.
Am Fuße der Burg, is sie geborn,
so vor ca. 34 Johrn,
als Tochter von die Maurerbäck,
mei, des frische Brot und Gebäck,
kann ma in da Friah in ganz Riegersburg riachen,
sogor ah in da Kirchen.

Ihr Kindheit überspring ma glei,
denn wie könnt es anders sein,
wor sie sowieso des schenste und gscheiteste Kind,
wia ma es nur sölten find.

Doch ein Talent, wird schon erwähnt,
und zwar Ihr Geschick, zur Blasmusik.

Beruflich hot sie den leichten Weg gemieden,
und sich für einen Pflegeberuf entschieden.
Tag ein Tag aus für alte Menschen da zu sein, des braucht
schon Kroft,
bewundernswert, wie sie das so locker schofft.
Und nun zum Christian, auch Zuz wird er genannt,
unter Insidern ist er auch als Knecht Baumgartner bekannt.

In Hohenbrugg hot er das Licht der Welt erblickt,
und weil es sich so schickt,
war auch er sehr fesch und schlau,
ist schon länger her, man weiß es nicht mehr so genau.
Die Schule hot er gut pariert,
und damit aus iahm ah wos Vernünftiges wird,
ist er zur Lehr zum Krobath holt maschiert.

Doch nebenbei sei größte Freid,
man hört es weit und breit,
wenn er haut auf des Schlagzeug ein,
und is die Trommel noch so klein.

Beruflich hot er dann verspürt,
dass daran kein Weg vorbeiführt.
Er muss Lenkradldrahrer werd´n,
und foahrt mit´n Brummi nach Nah und Fern.

Und irgendwann ist es passiert,
der Zufall hot dei Zwoa zusammen gfüahrt.
Bei an Musitreffen woars, wie solls schon sei,
schei rauschi woarn´s, es woar scho noch Drei.

Gsehn hom sie sich am Anfang net sehr vül,
ah wenn die Barbara gerne wüll,
schuld wor da Christian, denn entweder wor er mit´n Lostwagen
ganz weit furt,
oder er dahaom stundenlang sein Auto putzen tuat.

Und auch auf sein Pferd kaunn man iahm sehn,
oder zur Egerländerprobe gehn.

So vergehen holt viele Tage,
bis sich verbessert dann die Lage
und der Christian mit Sack und Pack nach Riegersburg eilt,
und ab sofort sich mit da Barbara die Wohnung teilt.

Ui, wos woarn des dann für Zeiten,
besser Schweigen, nichts verbreiten,
aber eines des is Gwiss,
dass sehr oft die Post abgegangen is.

Ob noch an Fest zum Oaspeis essen,
kuana wird des je vergessen.
Oder beim Skifoahren auf ana Hitten,
stundenland den Schnoaps reinschitten.
Und wenn's schon finster wor,
anstatt ins Quartier zum „Owibodn",
gsiacht ma sie noch immer von Hittn zu Hittn fohn.

Und wieder muass der Flachmann her,
„koust amol insan", der schmeckt noch mehr!
Auch hin und wieda gab´s Gesang,
vom sogenannten „Hohenbrugger Vierklang".
„Dingl daungl Wassermühl" wor der Hit,
und wer´s hot kennt, der plärrt gleich mit.

Irgendwaun wor die Sturm- und Drangzeit dann vorbei,
und aus dei Zwei, do werden Drei.
Ab sofort Theresa deren Leben bestimmt,
und dei zwoa in Anspruch nimmt.
Auch die Wohnung wird glei zklua,
jo do muass ma holt wos tua.
Ausbaut wird des Kollerhaus,
a tolle Wohnung entsteht daraus.

Fünf Jahre ziehen ins Land,
bis es dann wurde bekannt,
dass die Barbara dicker wird,
wunderschön, es ist passiert.

Nun hot Theresa ihr Brüderlein,
den Simon, und ich finde es recht fein,
dass er vom Papa die Frisur nicht hot kriegt,
und er mit schene Hoar in der Wiege liegt.

Sofort gab es auch Leut, die woarn gemein,
und hom zum Christian gsogt, bei zwoa ledige Kinder
muss bald ah Hochzeit sein.
Doch der Christian wor net fad,
und hot des Ganze umgedraht,
und gsogt, es war jo wunderbar,
wenn er bald verheiratet war.
Doch leider gibt´s kaun Samstag der war frei,

immer is a Spielerei.
Entweder muass er mit da Riegersburger Musi ausrucken
oder a Egerländer Proub ohucken.

So, nun passt´s auf, es geht recht schnell,
denn von nun an wird´s kriminell:
Die Tauf wird geplant so wia sich´s gehört,
alles läuft wie geschmiert, nur eins mich stört:
Denn wos keiner hot geahnt,
ist die Tatsache, dass die zwoa heimlich auch ihr Hochzeit hom geplant.

So sans am Samstag vor der Tauf gaunz ungeniert,
zum Standesamt marschiert.
Und am Sonntag bei der Tauf als Traufgab wunderbar,
führt der Christian sei Barbara zum Traualtar.

Wir alle gratulieren und wünschen Euch nur das Beste,
wir danken auch für´s heutige Feste,
aber eins verzeihen wir Freunde Euch nie,
ob Frau ob Mann,
dass wir ums Poltern umgfollen san!

Die Nochbarn

In da Großstodt gibt´s oft Siedlungsblöck,
do wohnen tausend Leit am Stück,
doch kennan tuat sich wirklich kana,
man griaßt sich nit amol, es is zum Wana!

Des Öfteren is schon passiert,
dass ana durch an klan Sturz in seiner Wohnung sei Leb´m verliert.
Nit wal sei Sturz so dragisch wor –
na, weil er niamd obgangan is, a holbes Johr!

Ganz Österreich kanns dann in der Zeitung lesen,
wia dem ormen Mensch sei End is gwesen.
Am Land is ma über so etwos total schockiert,
in da Stodt is des normal, is holt passiert!

Doch wia is des bei uns am Land,
wo ma nit so eng lebt miteinand?
Unser Ortsteil hat a rießen Fläche,
und wenn i so über´n Daumen rechne,
dann san es zirka 850 Personen,
die in dem schönen Pertlstein wohnen.

Nur ein großer Unterschied besteht,
man miteinander ganz anders umgeht!
Man kennt sich noch und griaß´n is a Selbstverständlichkeit,
man hilft sich und teilt Freud und Leid.

Ein Beispiel greif ich nun heraus,
und zwor die Leit rund um´s Müller Haus:

Do war amol die Familie Laffer-Uitz,
auf ihre Sandra san sie mächtig stulz.
Hom gründ a Firma und baut a Haus,
kumman mit olle super aus!
Und auch sehr fischreich,
is der wunderschöne Teich.

Dann gegenüber, da Sepp und die Erika,
mit ihrem Matthias und seina Freindin ah.
Eines dos is gwiss,
um den Sepp als Maurer is ein ziemlich großes Griss!
Bei uns gibt's kein Haus, wo er net g´holfn hot,
und woaß man net weiter, da Sepp hülft mit Rot und Tot.
Und die Erika, wie könnt es anders sein,
lädt gerne zum Kaffeetrotsch die Damen ein!

Doch unsere Vorbilder, voll und ganz,
san die Christa und da Müller Franz.
Vier Generationen lebten unter einem Dach,
voll Harmonie und ohne Krach!
Für den Opa wurde gesorgt und guat auf iahm geschaut,
mit Robert und Sandra homs des Haus riesig ausgebaut.
Des Obergeschoss sogor zworetagig gmocht,
die Selena und da Dario ganz ob´m owalocht.

Dann glei ein Stück daneben,
do wohnen vier oder sechs und früher worns sieben.

Na wia kann des wohl geschehen,
passt nur auf, Ihr werds gleich sehn!
Im Haus, da Hannes und die Petra wohnt,
und Prinz Fabian und Prinzessin Hannah dort ganz oben thront.

So, des wärn 4 Personen offiziell,
oba hiaz wird´s kriminell:
Unten im Keller mussten einst drei weitere Personen hausen,
na, do kimmt uan glei des Grausen!
Robert, Sandra und Selena worn im Keller einigsperrt,
und damit draußen niamd wos hört,
die Fenster scholldicht und immer zua,
jo die Nochbarn dei worn odraht gnua.

Durften sie früher hin und wieder aussi aus´n Keller,
schrie Petra glei, schnell und schneller!
Für´s Rosn mahn und Auto putzen,
durften Sandra und Robert die Zeit an der frischen Luft
benutzen.

Trotzdem wurde fürs wohnen no kassiert,
jo, die san mit olle Solb´m g´schmiert!

Auch Untermieter wurd´ns gnennt,
andere warn sofort weggrennt!
Doch dann sah man sie ein Haus weiter laufen,
za die Müllers, weg von Ladenhaufen.
Jo, dann wor sie vorbei, diese Sklaverei!

Spaß beiseite, zruck zum Ernst,
4 und 3 is 7, in da Schul du lernst.
Owa warum 4 oder 6 Personen,
ganz einfach, weil hin und wieder Tanja und Vanessa auch bei
Ihrem Papa wohnen.

Mit der Runde ums Müller Haus is bold Schluss,
doch ein Haus ich noch erwähnen muss.
Do wohnt da Luis, glei mit drei Frauen –
jo, do muass ma sich schon sehr vül trauen.
Mit da Martina, Elena und Gloria kummt er ganz guat aus,
kua Wunder, zum Streit´n is er vül zu wenig zu Haus!

Na und wia wer´n die ganzen Häuser nun gemeinsam gnannt?
Das geb´m ma glei bekannt:
Vor Johrhunderten ham´s noch zur Mühlstross´n gehört,
oba wia sie rausgstellt hot, total verkehrt.
Später dann is da Pepo Diplomingenieur wor´n,
aufeinmal wor ma damit ganz vorn.
Und schon olles zusammenlauft,
des Kraitzl wird Prominentenviertel tauft.

Doch die Freude währt nur kurz,
nach dem Hoch, da kommt der Sturz.
Theater g´spielt hom´s in Pertlstein,
aufeinmal schleicht sich der Name Tappschädelviertel ein.

Frustriert man berät, do g´hört wos unternommen,
wia kennt man nur wieder zur olt´n Ehre kommen?
Da Harry in die Hand es nimmt,
der wunderschöne Fischteich gefällt jedem Kind.
Ah den Christbam vom Luis a jeder bewundert,
mit Kugeln und Lampen mehr als Dreihundert.
Beides wertet unser Viertel wieder auf,
olle san ma wieder ganz guat drauf!

Do gabats ah no ganz viel zum berichten,
von so mache lustige G´schichten.
Doch eine gebe ich hier Kunde,
betrifft jo eh die ganze Runde.
Da Sepp hot Geburtstog g´feiert, und wia könnt es anders sein,
er lod holt olle Nochbarn ein.

Pfingstsamstag wors und wias da Brauch so wüll,
wird in dera Nocht ah angstellt vül.
Geräusche hom ma gehört und uns wor klor,
do is wos faul, do geht wos vor.
Schnell legt da Franz sich auf die Lauer,
und hot die Buam gfangt, noch kurza Dauer.

Jeda Bua dann glei a Bier holt kriagt,
aufuanmol die Polizei einfliagt.
Mindestens zwoa Bier homs aufeinaml jeder gholten,
nit die Buam, na, die Olten.
Nix weiter is passiert,

oba eine Frage bis heute olle ganz verwirrt:
Von wo san kumman? Von ob´m oder unten?
Jo die Frog beschäftigt uns seit vüle Stunden.

Wird Zeit, dass ich zan Schluss nun kimm,
ich mir aber die Freiheit nimm,
mich zu bedanken bei Euch Nochbarn olle,
für den Zammenholt und des Verhältnis, des tolle.
Ich wünsch uns, dass dies immer so weiter geht,
und nia Negatives zwischen uns steht!

Die Roob ist folasch

Als Kinder nochdem wor die Aufgob gmocht,
hom ma den restlichen Tog bei der Roob verbrocht.

Unsere Mutter um uns sehr besorgt immer wor,
tuats aufpassen, die Roob is folasch, hob i heit noch im Ohr.

Im Fruahrjohr do hom ma bei unserem Baumhaus gebaut,
im April is drum goungan, wer sich ins Wasser schon einitraut.

Riesige Gruab'm hom ma ausgehoben und mit Bretter zudeckt,
und die Bretter dann wieder mit Sand abgedeckt.

Im unterirdischen Loger san ma gesessen stundendrin,
beim nächsten Hochwosser wor olls wieder hin.

A Flos hom ma baut und san auf der Roob damit gfohrn,
und öfter san ma beim Schworzfischen dawischt worn.

Schlammschlochten hom ma gmocht und es is ah nit ausbliebm,
dass ma in an Glosscherbm is gstiegn.

Unter der Wehr an loungan Pfosten zwischen die Piloten einigspannt,
unser Sprungbrett wor Spitze an unserm Privatstrand.

Beim Gemüsegarten von der Mühl wor die Stoumauer da Fünfmeterturm,

zan springen und köpfeln für die mutigen Buam.
Und wenn dann im Winter die Roob is zugefrorn,
san ma Eisglafen oder mit'n Radl drauf gfohrn.
Eishockey gspült, ohne Schläger und Puck,
a Priegl und a Stoa worn für uns ah genug.

Wenn i heute so manchmal zruckdenk, wia des gwesen is,
die Roob war net folasch, für uns wor's a Paradies.

Es ist wieder Leben in der Burg

800 Jahr werdens nun sein,
als erbaut wurde die Burg Bertholdstein.
Zuerst als kleine Burg,
mit kleinem Innenhof und großem Turm,
hat gestrotzt vielen Kriegen und jedem Sturm.

Besitzer hat's viele geb'm,
war stets erfüllt mit Leb'm.
Unterm Sefa Pascha hat's an Höhepunkt erlebt,
vor lauter Feiern hat öfter die Erde rund um Pertlstein gebebt.

Ausbaut ist die Burg auch worn, mit an gewaltigen
Arkadengang,
Keiner ist in Mitteleuropa so lang.

Es war Leben in der Burg für viele Jahre lang,
dass das einmal anders wird, glaubte keiner dran.

Doch dann ist es ruhiger worn,
Glauben und Liebe wich der Sünde und Zorn.
Die erwürdigen Schwestern der Benediktiner traten an die Stell,
in die Abtei Sankt Gabriel.

Täglich traf man sich im ehemaligen Rittersaal zum Gebet,
aber auch genug Arbeit auf der Tagesordnung steht.
Es wurden kostbare Stoffe gewebt
und daraus prunkvolle Kirchengewänder genäht.

Große Obstplantagen und eine Landwirtschaft sorgten für Müh
und Plag, und das jahrein und Tag.
Auch in einer Großbäckerei wurden Hostien produziert,
und weit ins Land geführt.

Aber auch für Literatur und Kunst war Zeit,
Bertholdstein war ein Begriff weit und breit.

Bald 5 Jahre ist nun her, als die verbliebenen Schwestern zogen
aus, nach St. Johann bei Herberstein in ihr neues Haus.

Leer stand die Burg, noch ruhiger, als zuvor mit Klausur,
es war Stille in der Burg, von Leben keine Spur.

Es war kein Leben in der Burg, und draussen wuchs alles zu,
die Räume waren kalt und leer, Totenstille und Ruh.

Doch aus der Luft wurde die Burg dann entdeckt,
eine Familie aus dem Waldviertel hat sofort die Fühler danach
ausgestreckt.

Sehr bald war die Burg auch deren Eigentum,
samt viel Wiesen und Wäldern rundherum.

Es ist wieder Leben in der Burg, viel zu lang war da Ruh,
Fast 100 Jahre war das Burgtor für die meisten Menschen zu.

Renoviert wurden die Gebäude
und der Innenhof erstrahlt im neuen Glanz,
man erkennt Liebe und Freude,
jede Tür und jede Scheibe ist wieder ganz.

Gepflegt sind die Wälder
und die Gärten erblühen,
die Plantagen tragen Früchte,
die Natur dankt fürs Bemühen.

Es gibt wieder Messen, Konzerte, Lesungen und vieles mehr,
auch die Mitternachtsmette schätzen alle sehr.

Zur Freude aller ist in der Burg wieder Leben,
möge es das auch für alle Zukunft geben!

Innenhof der Burg Bertholdstein im Sommer 2016 (Foto: Vulkanland SBV GmbH)

Nur jetzt ist es leider zu spät

Du warst jung, Du warst intelligent,
Du warst beruflich ein Talent.
Nur jetzt ist es leider zu spät,
Dir war nicht bewusst, wie gut es Dir geht.

Du warst beliebt und gesund,
und auch alles Andere lief rund.
Nur jetzt ist es leider zu spät,
Dir war nicht bewusst, wie gut es Dir geht.

Doch Deine Seele und Dein Herz,
waren erfüllt mit großem Schmerz.
Nur jetzt ist es leider zu spät,
wir haben nicht bemerkt, wie schlecht es Dir geht.

Zerbrochen bist du daran,
darum hast Du das getan.
Nur jetzt ist es leider zu spät,
wir haben nicht bemerkt, wie schlecht es Dir geht.

Da Peppo und die Busrunde - zum 50iger

Am 25.02.1966 host Du das Liacht der Wölt erblickt,
jo mein Gott, domols worn Deine Öltern noch entzückt.
Wenns gwusst hätten, dass mia amol Deine Freind san,
hättens Dich in die letzten 50 Johr eingsperrt daham.
Dein Leben hot ganz normal begonnen,
die Joahre in der Schul san blitzschnöll verronnen.
Ah die Mechanikerlehr beim Kolcher host Du erfolgreich absolviert,
und dann beim Pongratz mit´n LKW Loam zur Leca gfiahrt.
Da Sledge und da Markus werden nie vergessen,
wia sie bei Dir als kloane Buam san im LKW drinn gsessen.

Mit die Buam bist Du die Runden gfohrn,
und an die schöne Burgenländerin host Du dei Herz verloren.
Mit Deiner Martina host Dich getraut,
und zum Elternhaus am Heissberg in Burgfeld dazugebaut.
Mit Jasmin und Sabrina is es Dein Dreimäderlhaus worn,
und so host holt oft dahoum 3 zu 1 verlorn.
Wahnsinnig gern host a immer kickt,
als Stürmer san Dir viele Tore geglückt.
Ob als Jugendlicher oder bei der Montagsrunde als Oldherr,
a Hockn links, a Hackerl rechts und da Tormann hot sei Gscherr.

Zum Rauchen host aufgehört und zum Radlfohrn begonnen,
doch dann is Dein anständiges Leben wie Schnee im Fruahrjoahr zerronnen.
2001 san da Gustl, Franz, Berni und Käse mit an kloan Bus zum Kreischberg gfohrn,
und damit wor die Busrunde offizell geborn.
A poar Joahr später noch Nassfeld und im Jahre 2006 geht's noch Obertauern,
und ob do worst Du dann ah bei der Busrunde dabei, wos wir sicher nie bedauern.
Wos die Busrunde is, is leicht zu erklären,
deis san 11 spurtliche und durschtige Herrn.
Zu den bereits Genannten kamen dann im Nu,
Sledge, Markus, Reinzi, Opama, Schlucki und Manni dazu.

Doch Du Peppo bist als Ältester unser Vorbild und darum trinken wir gerne mit Dir,
a Kriagl, a Großes, a Holbe und dazwischen ah immer a Zwischenbier.
Jedes Joahr im Winter wird 2-4 Tog lang a Sportwochenende verbrocht,
a Peppo-Bier und a Maurer-Bier trunken und pausenlos glocht.
Du bist immer guat drauf, owa man kann di ah zwida mochen,
bestellt wer a kloans Bier, hom ma nix mehr zan lochen.
Und is wer in Not, dann kaun ma sich auf di verlossen,
uamol in Ischgl, hot da Gustl sein Bier nit mehr dablosen.
Du Peppo host sofort wos dagegen getaun,
host gfrogt: Trinkst deis no? Und furt wor die Laugn!

Beruflich host di dann ah verändert und es follt Dir net schwer,
Fenstern, Türen und Tore verkafen und no vül mehr.
Für uns Busrundekollegen host Du ah immer olles montiert,
und tuast ah heit noch reparieren, wenn wer wos demoliert.
Und wenn nix hin ist, dann kummst holt zur Johresinspektion vorbei,
drahst a bisserl an die Scharnier und trinkst zwoa große Bier oder drei.
Trink ma a schnölls Maurer-Bier is a Standardspruch von Dir,
zan biagn bist nur mit Uhudler, owa niemols mit Bier!
Owa nit nur Schifohrn gehört zur Busrunde dazua,
na, Du organisiert ah regelmäßig a Dreiländer-Radltour.

Österreich, Slowenien und Ungarn aufm Drohtesel mit Dir,
is a murds Gaudi, Du organisierst olles, natürli ah as Bier.
In Oberzemming in Ungarn host gsogt, bleibs sitzen i geh eini mia is wurscht,
i hul as Bier aussa, denn drinn is so drecki, sunst vergeht Eich da Durscht!
Dank Dir Peppo kemman mia ah immer guat huam mit die Radln,
nur weh tuat ah meistens da Schädl und nit nur die Wadln.
Mittlerweile host ah die silberne Hochzeit schon hinter Dir,
liebe Martina, wia Du des so lang ausholts, des verstehen wir nia.
Bei der GVB-Graz in der Remise Steyrergossn host Du nun Dein Traumjob gfunden,
mia denken, do host di no nia richtig gschunden.

Sunst tats net mitn Zug noch Graz aufifohrn,
und huamtreten mitn Petz Fredi auf Eichan Radlgoagn.
Jo spurtlich bist sehr, ah am Fuaßbollplotz mit da Busrunde in Fehrng,
kaun ma lang noch Spülende von Dir „Nemm ma no schnöll ans" hern.

15 jähriges Jubiläum feiert die Busrunde in diesem Joahr,
der Segelturn 2012 in den Kornaten auch ein Höhepunkt wor.
Vom Partyboot da Siegl Manfred und da Müller Korl die Skipper worn,
mia san von Biograd noch Sali und sogor zum Sülbersee gfohrn.
Du Peppo worst da DJ am Boot,
und host nur Liader gspült, die no kouner gkehrt hot.

Und zwor von den Kastelruther Spatzen „Roter Diamand"
und der Hit von Christian Anders "Ruby, Ruby" genannt.
In da letzten Nocht wor ausgmocht um Ölfi geng ma liegn,
nur leider bist Du mit dein Popey-Leiberl und mia olle bis 3 in da Disco verbliem.
Am nächsten Tog huam fohrn hättst sulln Du, nur es wor dir zu schwer,
so wor holt da Gustl dann da Nachhause-Chauffeur.
Festgholten wird olles auf Video und mit Fotos vom Opama,
noch jedem Ausflug wird die Nochfeier mit Büldl-Schaun zum Drama.
Maurer mogst a Kraut, da Bauer frissts nit, kimmt ah daunn und waunn vor,
Bier gibs und Schnops wird nur trunken, wenns a Gratisrunde vom Wirt holt wor.

Die Statuten von der Busrunde san peinhort und genau,
olle Mitglieder san männlich, deis hoasst ohne Frau.
Wird die Jacken vergessen san 10 Euro zum zohln,
da Kassier Franz treibt des ein, ah wenn nit olle wolln.
Die Kassa priaft da Gustl bis auf den letzten Cent,
und vorm liegn gehen wird net duscht, nur da Fredi hot deis nit kennt.
Beschlüsse san immer einstimmig, auf jedem Vorschlag folgt ein passt,
solangs holt a Peppo-Bier gibt, vül Gaudi und keine Hast!
Ein Geschenk bringen wir natürlich auch Dir,

wie sulls anders sein, es hot wos zum Tuan mit uns und mit Bier.

So war no vül erwähnenswert,
ober nochdem wir wissen, wos sih gehört,
wird's Zeit, dass wir zum End nun kemman,
doch zum Schluss wir uns die Freiheit nemman:
Zum 50er, Deinem heutigen Feste,
wünscht Dir die Busrunde das Allerbeste!
Möge Gott auch weiterhin Dich begleiten
und hör nie auf, Optimismus zu verbreiten!
Gesundheit soll Dir stets erhalten bleiben,
zum 100er werden wir Dir wieder schreiben!

Viel Lärm, um die Kasern

Es war einmal.....
In einem Dorf namens Pertlstein lebte ein junger Mann, der nach München auszog um das Handwerk zu erlernen, schöne Autos zu konstruieren. Es dauerte auch nicht all zu lange und eine junge Frau aus Fehring folgte ihm nach um den Münchnern schöne Dinge zu verkaufen.
Wieder verging ein bißchen Zeit bis man in Fehring für Gerhard und Barbara die Hochzeitsglocken läuten hörte. So lebten sie glücklich dahin, verbrachten ihre Freizeit im englischen- oder einem Bier-Garten und fuhren auch hin und wieder in ihre Heimat.
Eines Tages aber, man schrieb das Jahr 1993, bewegte sich ein Schatten über München. Es war ein großer, schwarz-weißer Vogel, der nicht mit leerem Schnabel kam. Genau wissend was er tat, ließ er das Geschenk Gottes zur Erde schweben und Bernhard erfüllte das Leben der Beiden mit großer Freude, aber auch mit Verantwortung.
Dieses war der erste Streich, 13 Monate später folgte Thomas sogleich!
Bald darauf sah man einen Transporter voll beladen mit dem Hab und Gut der jungen Familie von München nach Fehring fahren.

Fehring bekam 4 neue Bewohner, Steyr Daimler Puch einen neuen Mitarbeiter, die Freiwillige Feuerwehr Fehring erfreute sich eines neuen, tüchtigen Zeugwartes und das rote Notruftelefon wurde von Barbara nicht aus den Ohren gelassen. Hin und wieder sah man rund um Pertlstein eine Kamera blitzen und Grundstücke wurden fotografiert.
Als die Entscheidung endlich getroffen war (und Gerhard ist dabei angeblich nicht der Schnellste), folgten unzählige, vergebliche Verkaufsverhandlungen.
Da mußte die Mutter von Gerhard her, um den Grundstücksbesitzern ins Gewissen zu reden und die Augen bzw. den Kaufvertrag zu eröffnen.
Jetzt geht's los, sagte man sich und eilte zum Notar, zum Vermessungsamt, zur Gemeinde, usw...
Als dann aus den in mühevoller Kleinarbeit gebastelten, mindestens 6 maßstabgetreuen Hausmodellen keines in Frage kam und der Einreichplan auch noch ein paarmal geändert wurde, sah man doch den Klaus mit seinem Bagger ein riesiges Loch in die grüne Wiese graben. Dass da noch eine liebe Nachbarin ihren Beitrag zur Bauverzögerung leistete, wollen wir hier nicht erwähnen.
Die Gerüchteküche brodelte: Die Einen sagten, das wird aufgrund der Größe bestimmt ein Zweifamilienhaus, eine Andere aus dem Land der Eidgenossen ließ sogar verkünden, dass das Haus einer Kaserne gleiche.
Doch Gerhard und Barbara ließen sich nicht beirren und arbeiteten fleißig an Ihrem tollen Haus weiter.
Monate voller Müh´und Plag vergingen, bis man sich an Licht, Wasser und Wärme im Haus erfreuen konnte.
Schnell wie der Wind, baute man Fenster und Türen ein, verlegte Fliesen und Böden und bevor man sich versah, waren auch alle Möbel da.
Endlich ist es soweit!
Heute ziehen „die glücklichen Vier" in ihr neues Heim.

Möge Gott Euch beschützen und seid täglich frohen Mutes!
Unglück und Krankheit bleibe stets von Euch fern!
Seid zufrieden und dankbar, und habt Euch immer recht gern!

Zweimal zu wenig und einmal zu viel

Es war einmal.....
In einem Dorf namens Pertlstein lebte eine junge Frau, deren Herz für einen, um ein paar unwichtige Lenze älteren Mann schlug. Natürlich verraten wir nicht, dass es sich dabei um Anneliese und Hans handelte.
Das Schicksal meinte es gut mit Beiden und einte sie zu einem Paar. So lebten sie glücklich dahin, verbrachten ihre Freizeit irgendwo am Meer, einem See oder wedelten in St. Johann von der Buchau-Hütte zur Kreistenalm.
Doch irgend etwas fehlte den Beiden und je mehr sie darüber nachdachten, desto weniger wußten sie, was es war.
Eines Tages im Herbst aber, man schrieb das Jahr 1994, bewegte sich ein Schatten über das Anwesen der Familie Koller in Pertlstein 7. Es war ein großer, schwarz-weißer Vogel, der nicht mit leerem Schnabel kam. Genau wissend was er tat, ließ er das Geschenk Gottes zur Erde schweben und Anna-Maria erfüllte das Leben der Beiden mit großer Freude, aber auch mit Verantwortung.
Aber wieder fehlte etwas, doch die neue Familie wußte sofort, was es war.
Es dauerte nicht lange, als ein lautes Grollen auf dem Koller-Berg unüberhörbar durchs Raabtal hallte.
Was war geschehen?
Ein gelbes Unding aus Stahl, Glas und schwarzem Gummi, welches graue Rauchschwaden in den blauen Himmel blies, grub ein riesiges Loch in die grüne Wiese.
Jedermann wußte sofort: Anneliese und Hans bauen für Anna-Maria und sich ein Nest.
Aus allen Himmelsrichtungen strömten Freunde, Verwandte und Bekannte herbei, um sich beim Nestbau nützlich zu machen.
Rasch wuchs das Ziegelnest in den Himmel und ganz oben, setzte man dem schmucken Haus eine rote Dachziegelhaube auf.
Monate voller Müh´ und Plag vergingen, bis man sich an Licht, Wasser und Wärme im Haus erfreuen konnte.
Hans und Anneliese marschierten also durch ihr fast fertiges Haus – aber – diesmal fehlte ihnen nichts – nein – es war etwas zuviel!
Da war doch tatsächlich ein leerer Raum. Wieder vergingen Monate, und als dann der Sommer 1998 allmählich ins Land

zog, hieß auf einmal der leere Raum nicht mehr leerer Raum, sondern:
Kinderzimmer von Christina.
Schnell wie der Wind, baute man Türen ein, verlegte Fliesen und Böden und bevor man sich versah, waren auch alle Möbel da.
Endlich ist es soweit!
Heute ziehen "die glücklichen Vier" in ihr neues Heim.
Möge Gott Euch beschützen und seid täglich frohen Mutes!
Unglück und Krankheit bleibe stets von Euch fern!
Seid zufrieden und dankbar, und habt Euch immer recht gern!

Die Engländer san anderscht

Die Engläner san anderscht,
zu Ich sogns I,
zum Ei sogns Egg,
zum Eck sogns corner,
zum Koana sogns Nobody.

Fohrn tuans sie links,
und something sogns zu Dings.
Da Prinz Charles der hot,
wegen seine Ohren Gehsteigverbot.

Die Bus hom zwoa Stöck,
if you are late, is a weg.
Anstott Euro homs Pfund,
Fish and Chips glaubms san gsund.

Milch gebens in den Tee,
Snow sogns zum Schnee.
Da Polizist is da Bobby,
Bridge is ihr Hobby.

Die Tower Bridge is a Bruckn,
do kounst in die Themse owispuckn.
Den Big Ben von Weitem man hören kaun,
nur is a Glocken und kein großer Mann.

Die Telefonzelln san rot,
und City sogns zur Stodt.
Za die Schuch sogns shoe,
zu blau sogns blue.

Die Nocht is die Night,
zu leicht sogns light,
die Leit san die People, owa light ist ah Licht,
ah wenn Ih mi anstreng, verstehen tua is nicht.

Elisabeth hoaßt die Queen,
zu gria sogns green.
Zum Leibl sogns Polo,
und Golfen tuans all do.

Zum Fuaßboll sogns Soccer,
und chear sogns zum Hocker.
Schwoarz hoaßt black,
und zruck deis is back.

Vergleicht man noch mehr,
dann tuat ma sie schwer,
zu erkennen an,
dass die Engländer auch Europäer san.

Tower Bridge in London im Juni 2015 (Foto: Gloria Neumeister)

Die Fußwallfahrt

Heutzutage, wo es uns alle so gut geht, bereist man die ganze Welt,
aber nicht jede Reise und Erlebnis kann man sich kaufen für Geld.

Nur wer einmal mit Rucksack von zu Haus wegmarschierte,
kann beschreiben das Glück, was man fühlt für jedes in Richtung Mariazell zurückgelegte Wegesstück.

Auf der Schulter der Rucksack, für fünf Tage trägt man alles mit,
Wanderstöcke und gutes Schuhwerk für den sicheren Tritt.

Man bricht auf noch im Dunkeln und marschiert durch die Nacht,
belohnt wird man Stunden später, wenn die Sonne rauslacht.

Unterwegs trifft man Freunde, jeder spricht einen an:
Woher? Wie weit noch? Was man anbieten kann?

Auch wenn nicht immer Sonne, auch bei Regen wird marschiert,
Schritt für Schritt dem Ziel näher, den Frohmut man nicht verliert.

Am ersten Tag dann am Abend, endlich Weiz ist in Sicht,
in Weizberg in die Kirche, tritt man vor Marias Angesicht.

Duschen, Abendessen und ins Bett dann, sehr Früh wieder raus,
die erste Etappe führt zum Patschabauern sein Haus.

Zu Mittag auf der Brandlucken, dann auf der Stoakogelhütte die nächste Rast,
zum Trinken a Himbeerkracherl mit Rotwein, ein Tipperl also, bestellt der Stammgast.

Die zweite Nacht verbringt man beim Strasseggerwirt,
mit gutem Essen und Musik dir sicher nicht fad wird.

Geschlafen wird zu Zehnt in einem Raum,
wenn du noch nicht schläfst, bevor alle schnarchen, wird die Nacht zum Alptraum.

In der Früh spielt der Wirt auf der Steirischen die Gruppe zur Tür hinaus,
rundum Almen und Berge, es sieht grandios aus.

Eine Rast auf der Herrenalm und weiter zur Schanz,
auf der Stanglalm blickt man runter ins Mürztal bei Sonnenglanz.

Nach Mitterdorf geht es dann tausend Höhenmeter runter ins Tal,
auf der Schalleralm am Fuße der Hohen Veitsch gibt es dann ein köstliches Abendmahl.

Am Dachboden schläft man wie ein Baby nach einem langen anstrengenden Tag,
morgens geht es dann um die Hohe Veitsch herum oder auf den Gipfel, wenn man mag.

Zu Mittag speist man auf der Passhöhe Niederalpl recht fein,
marschiert wieder weiter und kehrt am Nachmittag bei der Weißalm dann ein.

Ein Stückchen weiter ist eine Speckjause beim Herrenboden sehr zu empfehlen,
natürlich darf auch ein Schnapserl und ein Tipperl nicht fehlen.

In Mooshuben verbringt man die vierte Nacht,
vor dem Schlafen wird aber noch gegessen, getrunken und recht viel gelacht.

Am fünften Tag sind es nur noch zwei Stunden nach Mariazell,
man wundert sich, dass die Zeit verging so schnell.

Kühe, geschmückte Wegkreuze, die Natur pur war ein Traum,
man genoss jede Wiese, jeden Berg, jeden Baum.

Und noch viel schöner ist die Gemeinschaft die entstand,
obwohl man die Eine oder den Anderen vorher nicht hat gekannt.

Auch die Lebensqualität steigt ohne Handy, Computer und Fernsehgerät,
und wenn man nicht alles weiß, was täglich in der Zeitung steht.

Natürlich wird bei der Ortstafel und vor der Kirche ein Gruppenfoto gemacht,
und ein Kreuz mit Wiesenblumen wird zur Basilika mitgebracht.

In der Basilika vor dem Gnadenaltar die eine oder andere Glückstrāne fließt,
das Glücksgefühl es geschafft zu haben, man sicher nie vergisst.

Mit den Füßen gebetet hat man 5 Tage lang,
zum Abschluss die Wallfahrtsmesse mit Gebet und Gesang.

Fußwallfahrer aus Lödersdorf und die Glagler aus Pertlstein im Juli 2015

Russisch für Anfänger

Mehr als 30 Johr is nun her,
i woaß, so weit zruck denken follt uan schwer,
do hot da ORF noch seinen Bildungsauftrag ernst genommen,
und die Russisch-Lehrerin is über TV zu uns ins Haus gekommen.
Lisa Schüller war ihr Name, sie wor aus Moskau, die besagte Dame,

hot begrüßt mit Dobry djen, ausgschaut hot sie net sehr schen.
Die bunten Holzpuppen worn ah immer im Bild,
viele worn auf des sammeln der Babuschka-Puppen ganz wild.

Wenn ich nun frog Goworit po-russki werdn ma glei sehn,
wer von Euch russisch tuat verstehen.
Sprechen Sie russisch?, hoaßt des nämlich,
und glupyy des hoaßt dämlich.

Spasibo hoaßt Danke und Tovarisch Kamerad,
Bosche moy is Oh mein Gott und presnyy deis is fad.
Entschuldigung hoaßt Izvinite und Ete virnja das stimmt,
Eta moj kollega is das ist mein Kollege und Rebenok is das Kind.

Durak bol'shoy hoaßt großer Schafskopf und Gospodin is der Herr,
zhenschiny krasivyye sind schöne Frauen und Pozhaluysta hoaßt bitte sehr.

Da is ja und Dobroe utro sogt ma am Morgen,
Gowna is Scheiße und obespechit sind die Sorgen.
Dva noschi sind zwei Nächte, tri dnye sind drei Tage,
Dawai, dawai bedeutet mach schon! und vopros ist die Frage.

Bist du verrückt geworden hoaßt Vysuma sashli,
und koshelek ist des Geldtaschli.
Kriditnyi Kartatsch'ki is die Kreditkorten,
und Sad is da Gorten.

Wladimir Putin hoaßt owa net bitte tua mir an Boaga stehlen,
und Dosswidanje hoaßt auf Wiedersehen!

Urlaubsimpressionen

Die Sonne erstrahlt und es glitzert der Sand,
grüne Palmen werfen Schatten, endlos lang ist der Strand.
Das Meer spielt mit Farben von olivgrün bis dunkelblau,
der Wind bläst mal sanft und dann wieder sehr rauh.

Die Wellen zerbrechen auf Felsen und Stein,
ein einziges Wölkchen am Himmel ganz klein.

Eine Möwe lässt sich treiben, Boote schaukeln in der Bucht,
unbeschreiblich diese Stimmung, die seines Gleichen sucht.

Ein zahnloser Fischer präsentiert stolz seinen Fang,
Oliven und Weintrauben reifen am Hang.

Ziegen und Schafe suchen das spärlich Grün,
in der Taverne sich Kellner um ihre Gäste bemühen.

Lautlos senkt sich die Sonne farbenfroh in das Meer,
Fischerboote legen ab, die Strände sind leer.

Sterne erstrahlen am Himmel in dieser glasklaren Nacht,
der Mond zieht seine Runde, über uns alle wacht.

White Sand Beach in Khao Lak in Thailand im August 2015

Chorprob

Die Arbeitswochn ist fost vorbei,
und so mancher sich am Donnerstagobend schon stimmt aufs Wochenende ei,
oba wie gsogt, nur so moncha den Donnerstagabend genießen kann,
weil 18 andere oba in Pertlstein Chorprob hom.

Es ist kurz vor holba ochti
und sei drudl´n ein gaunz sochti.

Als erstes kommt natürlich wie immer die Chorleiterin Johanna Promitzer,
und ihr Mann, da Heini torkelt hinter ihr her.

Er muass ah immer des Keyboard trog´n,
jo, wenn Chorprob ist, hot sie des „Sog´n".

Der Probenraum im ehemoligen Cafe Ingrid füllt sich schon langsam auf,
und olle san guat drauf.

Da pensionierte Wirt, da Rainer, schleppt alleine noch Getränke an,
damit sich seine Frau die Ingrid voll und ganz auf die Chorprob konzentrieren kann.

Schnell wird noch der neueste Klatsch und Tratsch besprochen,
man hot sich schließlich net mehr gsehg´n seit einer Wochen.

Da Rudi teilt no neigi Noten aus,
die Hannerl läst aus ihrn Stimmpfeiferl die ersten Töne raus.

Nervös wird auf die Uhr geschaut,
es wird ruhig, man hört keinen Laut.

Doch von der Resi wird das Schweigen gebrochen:
„Der Luis föhlt scho wieder, wie letzte Wochen!"

Die Hannerl meint, gsogt hot a nix, dass er nit kimmt,
aber heut hört er no wos, ganz bestimmt!

Die Anni pflichtet bei,
des kauns jo nit gebn,
der wüll unser Obmann sei.
ach, der kaun heit wos erleben!

Die Ingrid pfaucht,
na wenn der auftaucht,
dann los´ is krochen,
des kann er mit uns net mochen!

Da Rudi plärrt, heut schmirr ihn ouni, oba ka kloani!

So wird holt gsempert, gmeckert und man ist sich einstimmig
gwiss,
dass da Luis ein unkollegialer Ungustl is.

So vergeht die Zeit und es is schon Holbaneini,
und wer kommt do bei da Tür aufeinmal eini:
Natürlich der Luis, sogt „Griaß enk Gott,
tuat ma load, i waß, es is scho spot".

Die Hannerl zuckersüß und nett,
schön das´t do bist, göl, host vül Orbeit, is a Gfrett.

Die Anni blost ins selbe Horn, und tuat erfreit,
göll, host vül um die Ohren, und net nur heit.

Die Ingrid reiht sich hinten an,
kummst grod richtig, wir fangen eh erst an.

Da Rudi lächelt und sogt, wir hom uns schon Sorgen gmocht um
di,
und legt ihm die neigen Noten behutsam hi.

Mit Stimm- und Atmungsübungen geht's dann endlich los,
die Hannerl mocht des grandios.

Stimmweis werden dann 3 neige Liada einstudiert,
die Hannerl nie den Fod´n verliert.
Um Zehne is die Prob dann aus,
doch man geht noch nicht nach Haus.
Man setzt sich im Lokal noch zsamm,

und stimmt das eine oder andere Lied noch an.

Bevor alle geh´n wird vom Obmann noch ein Machtwort gesprochen,
dankschön für´s Kommen, und seid´s bitte pünktlich, nächste Wochen.

Der Bergdokter

Jo wos derf bei orme Wanderseeln net föhlen,
wenn sie sich über die Berg noch Mariazell quölen?

Natürli a Bergdokter gehört dazu,
wal Verletzungen und Schmerzen gibt's immer gnua.

Wir Glagler hom a riesen Freid,
und olle anderen Wanderpartien hom auf uns an Neid.

Denn unser Bergdokter is da Hannes,
egal wos is, er kann es!

Ob dinne oder fette Blosen,
er sticht olle auf, die kluan und die großen.

Zum Aunwenden hot er jede Medizin,
ob a Solbm fir außen, oda an Schnops fir drin.

Ah Euterpflege setzt er ein,
ob bei Mensch, Kuh oder Schwein.

Mendal gibt er ollen Kroft,
damit jeder es bis zum Gipfel schofft.

Und wann der Bergdokter mit sein Latein nit weiter kau,
dann ruaft er holt a Taxi au.

Wir dounken Dir herzlich und wollen auch für die Glaglerzukunft hoffen,
Deine Rucksackordination is für uns immer offen.

Der Kriminalfall rund ums Gluxi-Klo

Unlängst hoben wir an Wandertog organisiert,
do is folgendes passiert:
Für eine Labestation hob ich ein mobiles Klo bestellt,
die Firma Gluxi hot des ah pünktlich und richtig hingestellt.
Is jo ah net so schwer,
a genaue Wegbeschreibung per E-Mail bitte sehr,
und am Donnerstog vorm Wondertog wor es do,
des Gluxi-Klo und olle worn ma froh.

Beim Wandertog am Sonntog hot olles bestens funktioniert
und des Gluxi-Klo hot viele „erleichterte“ Besucher registriert.
Nur am Mittwoch drauf wor des Klo noch immer do,
also ruft der Grundstücksbesitzer den von da Labestation o.
Der wiederrum leit mi am Obend auf,
und mount, da Nochbar is net mehr guat drauf.
Wal Stinken tuat des Gluxi-Klo,
wenns morgen furt war, war er wirkli froh.

Also ruaf i am Donnerstog bei der Firma Gluxi an
und frog, wann man es obhulen kann?
Die Chefin sehr gestresst und kaun nix Genaueres sogn,
sie jammert über an Getriebeschoden bei einem Lieferwogn.
Owa keine Sorge und a bissl Geduld,
des Gluxi-Klo wird demnächst obgehult!

Weil keiner woaß woun is wirkli furt,
da Herbert des Gluxi-Klo in sein Hof rein duat.
Jo, der von der Labestation hoasst Herbert
und somit sein Nochbar nit mehr bled herumplärrt.
Und für Jene, die die Firma Gluxi net kennen,
hob i geändert, i wüll den richtigen Namen net nennen!

As Wochenend vergeht und i hob nix gehört,
bis am Montag Obend mein Handy mir die Ruhe stört.
Wieder is der, von der Labestation,
er hoasst Herbert, owa des wisst Ihr schon.
Jetzt hot iham a Anderer vom Ort angruafen,
und des ah mit recht vül fluachen!

Denn sei Gluxi-Klo is seit Freitog furt
und er wüll wissen, wos des beim Herbert tuat?

Da Herbert bleibt ruhig und sogt er woaß von Nix,
owa ouns is 100%ig und fix,
dass des Klo in seinem Hof und er drauf schwört,
der Firma Gluxi gaunz sicher und net iahm gehört!
Der erboste Anrufer ist nämlich Häuslbauer,
und des Klo is seit Freitog furt, drum is er so sauer!
Denn auch auf Baustellen braucht man stille Orte,
zum Lesen der Zeitung, egal von welcher Sorte!

Der Häuslbauer is des Weiteren sehr besorgt,
denn er hot sich des Klo ah nur von an Freind geborgt.
So fohrt er glei zur Labestation,
erkennt owa von da Weiten schon,
dass des Klo wos do steht nit des von seiner Baustöll is,
weil es aussen mit Gluxi-Aufklebern vullpickt is.

Und i hob mich auch ins Auto gesetzt,
und bin zur Labestation gewetzt.
Die Herzalburg im Hof wor wie gsogt noch do,
darüber wor ich dann doch wieder froh.
Weiter zur Baustöll, die is mindestens 500 Meter weg,
wo man des Klo gstuhln hot, mit samt dem Dreck.
Glei weiter dann zum Klobesitzer,
tuat is ah sei Freind, da Baustöllnschwitzer.

I moun, do brauchts jetzt gor nix sogn,
wir werden mol die Firma Gluxi frogn!
Am Handy ruaf i die Chefin der Firma Gluxi an,
und wirkli, sie geht um holba Zehni aft Nocht noch ran.
Erfreit is nit und wia sie hört,
warum ich hob sie so spät gestört,
fauchst mich an und schreit mit mir,
des Klo hobm ma am Freitog ghult, des sog ich Dir!

Ich gleich unfreindli retour: Jo eh,
owa as Folsche! Da Fohrer is a festes Weh!

Wohrscheinlich hot er beim hinfohrn des Klo auf da Baustöll gsehn,
und wal des andere nit mehr am Strossenrand ist gwen,
sondern im Hof, wo man es nit glei sehen kann,
hot er nit lang herum getan,
is mit sein Lieferwogn zur Baustöll hingerollt
und hot des folsche Klo samt Inholt abgeholt.

Liabe Frau, wir brauchen net länger zu diskutieren,
sowos kaun schon mol passieren.
Ihr Fohrer hult des Gluxi-Klo ausn Hof vom Herbert sein Haus
und des von da Baustöll tauscht er gegen des Richtige wieder aus!
Damit jo nix schief geht, hob i ah Fotos gmocht,
und WhatsApp hots aufs Handy von da Gluxi-Chefin brocht.
Am übernächsten Tog homs dann endlich obgehult des Klo
und auf der Baustöll wor aufeinmaol ah a Häusl wieder do.

I hobs kontrolliert, owa wos muass i sehgn,
auf dem Klo auf da Baustöll tuat Gluxi drauf stehn.
I greif wieder zum Handy und wos muass i dafrogn,
des Klo von da Baustöll, wia sull i nur sogn,
is bei der Firma Gluxi unauffindbor, man hot den Verdocht,
dass es a Fohrer zu an anderen Kunden noch Kärnten hot gebrocht.
Owa man versichert, sobold es wieder taucht auf,
lod man es blitzschnell auf an Lieferwogn drauf
und schiasst damit zu Baustöll owa gauz gschwind,
sofern der Fohrer die Baustöll dann noch find.

Auf jeden Foll lost sich da Häuslbauer irgendwann wieder
erleichtert in sein eigenen Baustöllnhäusl nieder.
Owa woann des so weit is, bitte hörts auf mi zum quölen,
nur ouns woas i sicher, a Gluxi-Klo werd ih so schnöll net mehr bestölln.

Die Pfeifenmeisterschoft

Wettbewerbe und Turniere gibt es so vül,
owa heit i von wos berichten wül,
wos sicherlich kennen noch net so vül.

Bei Landes, Stoots, Europa- und einer Weltmeisterschoft,
man zumeist auf kurze Zeiten hofft.
Doch bei diesem Bewerb ist Schnölligkeit allen egal,
jo wirklich, gounz im Gegental!
Je langsamer, desto besser,
und der Erfolg ist umso greßer!

Beim Pfeifelangzeitrachen geht es nämlich darum,
wer am Längsten raucht, mit dem gleichen Pfeifentrumm.
Jeder hot die gleiche Pfeifen,
3 Gramm Tabak, die für eine Füllung reichen.
Zwei Streichhölzer zum Zünden,
wenns nicht brennt, kann man glei das "Pfeife aus" verkünden.

Ein Rundstab aus Holz zum Stopfen,
aber nicht zum Klopfen.
Auch zum Glut weiter drehen,
sofern den Glutpunkt man tuat sehen.

So, owa jetzt von Anfang an,
damit man sich des leichter vorstellen kann:
Wo man sitzt entscheidet meist das Los,
die Nervosität is zu Beginn echt sehr groß.

Auf dem Tisch stehen außer Oschenbecher nur
Trinkgläser und ein Wosserkrua.
Dann kriagt jede Teilnehmerin im Format A4
und jeder Teilnehmer ein Blattl Papier.
Es folgen Pfeife, Stopfer, Streichhölzer und Tabak,
olles schön versiegelt in einem Kuvert oder Sack.

Alle und Alles is bereit
und ab sofort laft die Zeit.
Den Tabak leert man sorgsam aufs Blattl Papier,
zerklanert diesen gaunz sorgsam mit Manier.

Man passt auf, dass nix daneben geht,
aber auch ein Schiedsrichter daneben steht.
Der passt auf, dass Koaner schummelt,
und wenn man sich nicht tummelt,
dann san die 5 Minuten schnöller vorbei,
als da Tabak is in da Pfeifen drei!

Dann des nächste Kommando, es geht los,
die Hoffnungen und Erwortungen sind noch sehr groß.
Endlich ist es nun so weit,
eine Minute kriagt man nun Zeit,
man streicht über die Reibeflächn und sodann,
zündet man die Pfeife an.
Wenns nit reicht verwendet man auch
des zweite Streichholz für mehr Rauch.

So, dos wäre mal geschafft
und von nun an wird gepafft.
Der Raum sich füllt mit Pfeifenrauch,
und es wird sehr ruhig auch.
Denn es geht um viel, nein um noch mehr,
koaner wüll Letzter werden, denn des schmerzt sehr.

Die ersten zehn Minuten derf man ah nichts trinken,
geht die Pfeifn aus, würde man am Liebsten im Erdboden versinken.
Aber das liegt halt in der Natur,
beim Verbrennen wird wos weniger und nimmt net zua,
irgendwann is des Feier aus,
und man is aus dem Bewerb raus.

Noch einer Stunde muass man dann erkennen,
dass nur mehr die Hälfte oller Pfeifen brennen.
Die wohren Könner san noch zwoa Stunden noch im Bewerb
und rachen noch immer auf Gedeih und Verderb.
Drei Stunden nur die Profis schaffen,
denn wer kinnt sonst mit 3 Gramm so lang paffen.
Ein Italiener im Guinness Buch der Rekorde steht,
er hat gezeigt, dass es ah 3 Stunden und 33 Minuten geht.

Doch den meisten Teilnehmer ist egal die errauchte Zeit,
wichtiger sind Freundschaften und die Geselligkeit.

Man trifft sich wieder und plaudert über Gott und die Wölt,
besinnt sich auf wohre Werte, auf das wos wirklich zöhlt.
Am Schluss i den Hinweis noch muass geben,
tuat eh aufn Tabak ah drauf kleben:
Rauchen ist ungsund, bitte fangen Sie erscht gor nit an,
weil man dann nur mehr sehr schwer aufhören kann!

Pfeifenrunde Pertlstein mit Ehrengästen anlässlich der 28. Offenen österreichischen Meisterschaft im Pfeife-Langzeitrauchen im Kulturhaus Johnsdorf-Brunn im April 2016

25 Joahr - Vulkanlandchor

Begonnen hot´s im 92er Joahr –
als für den domoligen Bürgermeister a Feier stand bevor.

Da Gemeinderot hot sich den Kopf zerbrochen,
und ma hot laung hin und her besprochen,
wos ma dem Zach Hansl wul schenken sull,
etwas wos er no net hot, des war doch cool.

Auf einmal kummt dem Richter Walter ein Geistesblitz,
jo, dem Richter Walter, des is koa Witz!

Er sogt, dass der Zach Hansl gern a Chormusik heart,
und es war bestimmt net verkehrt,
wenn a kluani Grupp´n sich zammenfind,
und a poar Lieadl´n bei der Feier anstimmt.

Allgemeine Zustimmung kriagt er glei,
ober die Kritiker sofort, deis wird nit so einfach sei.
Weil, ohne Chorleiter geht des net,
do gehört ohna her, der des versteht.

Dann werdn ma holt den Luckmann Erwin frogn,
mehr als na kaun er ah net sogn.
Und wia da Luckmann Erwin davon erfährt,
hot er sich sofort für die Proben bereit erklärt.

Eine Gruppe sangesfreudiger Menschen wor ah glei gfunden,
und ma hot holt geprobt, so a poar Stunden.
Dann wors so weit,
der 1. Auftritt ist gut gelungen, der Zach Hansl hot sie murdsdrum gfreit.
Doch er war nit umsunst a guata Politikar,
wenn er net ah a Schlitzohr war.
So hot er den Wunsch vorbrocht,
dass der neige Chor ah so weiter mocht.

Na, jetzt brauchst net laung frogn,
natürlich hot sich kana na traut sogn.
Deis die Geburtsstunde vom „Pertlsteiner Singkreis“ wor,
und vüle von uns kommts so vor,
als ob deis erst gestern wor.

So schnell san 25 Joahr verflogen,
und es is gwiß net glog´n,
wenn wir alle behaupten, es wor a scheane Zeit,
die man sicher net bereit.

Die Aufgabe des Chorleiters hot die Promitzer Hannerl übernommen,
und so manch neige Sängerinnen und Sänger san ah dazu gekommen.
Von Anfang an dabei is ah der Heini, ihr Mann,
weil der jo so schön singen kann.

In 25 Joahren ist viel geschehen,
ihr solltet amol unsa Notenarchiv sehen.
A jedes Liead und jede Mess, wos do ist entholten,
hom mag lernt, ah wenn ma´s net wollten.

Doch belohnt wurden wir von unserem treuen Publikum stets mit Applaus,
wenn a Auftritt oda Konzert wor aus.
Dafür wollen wir auch bei Ihnen allen ein herzliches Vergelt´s Gott sogen,
dass Sie uns schon ein Viertel Jahrhundert ertrogen.

So mancher von Euch sich vielleicht ah gor net vorstellen koann,
wo wir schon überall gsungen hom:

Im steirischen Vulkanland, so steht´s do gschrieben,
hom man schon in vielen Orten die gounzen Mäis vertrieben.

Ob Fehring, Feldbach und Gossendorf,
ob Brunn, Straden oder Mühldorf
Ob am Aunberg in Tieschen, Kornberg, Riegersburg oder St. Stefan im Rosentol,
fühlten wir uns überall sehr wohl.

Auch in den Kirchen Hatzendorf, Unterlamm, Breitenfeld von Pfarrer Franz Brei,
worn ma bei so manch ana Mess´ dabei.
Wallfahrermessen in Eichkögl oder in Mariazell durften wir gestolten,
oder vor der Eiskrippe in Graz unsere Gesänge schon erschollten.

Und in Bad Gleichenberg, o Mann,
traten wir beim Steir. Wertungssingen an.
Mit sehr gutem Erfolg konnten wir die Bühne verlassen,
und ließen manch Andere verblassen.

Aber auch bei der wunderschönen Gartenschau in Unterpremstätten,
durften wir auftreten.
Am Grazer Hauptplatz war es auch recht fein,
sogor der damalige Bürgermeister Stingl stimmte mit uns ein.

Auch in der neuen Grazer Stadthalle traten wir auf, ohne Spass,
erst nochher kam der Gottschalk, mit Wetten dass,..
Und im eigenen Ort sing ma ah bei so mancha Feier,
ka Wunder, wir san jo ah net so teier.

Ins Pertlsteiner Pflegeheim foahrn ma ah recht gern rauf,
amol worn ma sogor mit den Stoakogler´n gemeinsam auf der Bühne drauf.

Und wenn a Joahr geht zu End,
dann gibt´s von uns im Advent,
des traditionelle Adventsingen in der Schlosskapölln,
na des derf koa Joahr föhln.

Ah beim Gmundner Schlösseradvent durften wir singen,
und zwoa Weihnochtskonzerte im Seeschloss Ort zum Besten bringen.
A großes Konzert moch ma nur alle 5 Joahr,
seit dem 10-Jahres-Konzert nennen wir uns Vulkanlandchor.
8 Chorfestivals im Steirischen Vulkanland hots mittlerweile schon geben,
bei ollen worn ma dabei, so samma eben.

Noch etwas möchte ich unbedingt erwähnen,
man kann uns auch mit nach Hause nehmen.
2004 hoben wir einige Liada auf CD gebrannt,
„Über´s Joahr" hobn wir unseren ersten Tonträger genannt.

Eine Weihnachts-CD hom wir 2011 produziert,
mit dem Titel „Advent im Steirischen Vulkanland" diese nie an Aktualität verliert.
Damit worn wir im Radio und ah zwoa Mol im Fernsehen zu sehn,
jeweils am heiligen Obend bei Licht ins Dunkel, es wor sehr schen.

So beende ich nun meinen Rückblick auf 25 Joahr Vulkanlandchor,
und hoff´, dass er net allzu langweilig wor.

Vulkanlandchor Pertlstein im April 2016

Ich wünsche Euch

Ich wünsche Euch Glück und Gesundheit für die nächsten 140 Jahre,
ich wünsche, dass Gott Euch vor Unheil bewahre.
Ich wünsche Euch für die Melodie des Lebens, viele Noten mit Mut,
ich wünsche viel Kraft, dass Ihr weiterhin so erfolgreich viel Gutes tut.

Ich wünsche Euch ein Lächeln im Gesicht,
auch wenn sonntags sehr früh am Morgen ruft die Musikerpflicht.
Ich wünsche, dass Ihr Euch stets für den richtigen Ton entscheidet,
dass Ihr im Umgang mit Mitmenschen Streit und Feindseligkeit vermeidet.

Ich wünsche, dass der Musikschuldirektor Euch weiterhin seine Zeit am Bass borgt,

und dass die Fehringer Kunst- und Musikschule Euch mit vielen talentierten Jungmusikern versorgt.
Ich wünsche Euch, dass vorne viele hübsche Marketenderinnen stehen,
und möge der Schnaps Euch ja nie ausgehen.

Ich wünsche Euch weiterhin einen Kapellmeister mit viel musikalischem Gespür,
ob für Polka, Walzer, Marschmusik bis hin zur klassischen Ouvertüre.
Ich wünsche Euch weiterhin einen Obmann der so perfekt die Geschicke der Stadtkapelle lenkt,
der diesem Ehrenamt ohne an die eigenen Bedürfnisse zu denken viele Freizeitstunden schenkt.

Ich wünsche dem Stabführer, dass er die Kapelle wenn er vorne geht, in die richtige Richtung dreht,
und vor allem eine Ortsbevölkerung die auch weiterhin voll hinter Euch steht.
Ich wünsche dem Kassier volle Kassen und immer genug Geld,
dass es nie für Instrumente, Noten oder für Uniformen am notwendigen Kleingeld fehlt.

Ich wünsche Euch allen, ich weiß, proben wird bereits zur beengten Qual,
möglichst bald, ein neues, schönes und großes Probenlokal!

Am Ende meiner Wünsche erscheint mir ein Punkt noch sehr wichtig,
aber auch hier seid Ihr sehr tüchtig,
das muss ich Euch nicht wünschen, denn da seid Ihr auch perfekt,
dass Euch nach jeder Spielerei das Grillhendl, das Bier und der Wein recht gut schmeckt.
Zum vielen Proben, zu all den Mühen und der Plag,
muss auch Zeit bleiben zum Feiern, geniest jeden Moment, geniest jeden Tag!

Gewidmet der Stadtkapelle Fehring anlässlich Ihres 140 jährigen Bestandsjubiläums im Jahr 2015.

Stadtkapelle Fehring in Olmütz in Tschechien im September 2016

As bodschade Christkindl

Vor Weihnochten hot das Christkindl extrem viel zan tua,
weil es gibt nur eines, es mocht olles allua.

Eines Morgens wocht es auf ihrem Wolkerl auf,
und fühlt sich net guat, ist gaunz schlecht drauf.

Owa Orbeit hots so viel,
do muass es durch, ah wenns net will.

Bis Heiligobend sind es zwei Tog nur mehr,
des Packerl mochen follt heut besonders schwer.

Von die zwölf Kristollglaseln hots die Hölfte beim Einpocken zusammengehaut,
den Teig für die Weihnochtskeksal komplett verhaut.

Der Weihnochtspunsch is net zum trinken,
die Keksal dunkelbraun verbrennt und stinken.

Des letzten Packerln werden schnell fertig gemocht,
und mit dem Himmelsschlitten auf die Erden gebrocht.

Nur leider geht heut alles daneben,
weil die Packerlbeschriftungen gaunz schlecht kleben.

Auf da Erden angekommen ist kein Namenskarterl mehr drauf,
owa deswegen macht des Christkindl net noch amol alle Packerl auf.

Wird schon passen und rasch werden die Packerln verteilt,
des Christkindl in Windeseile von Haus zu Haus herumeilt.

Es ist zwor wirklich brav herumgerauscht,
owa leider hot es ah alle Packerl komplett vertauscht.

Auf die Bescherung am Heiligabend freuen sich alle schon drauf
und man macht erwartungsvoll die Packerln gleich auf.

Owa für das Baby gibt's Tabak und a Pfeifen,
für den Opa Schwimmflügerl und an Schwimmreifen.

Die kleine Susi kriagt Zigaretten,
die Oma a goldene Trompeten.

Die Mama an Wogenheber,
und fünfzig Kilo Fliesenkleber.

Da Franzi kriagt a Damentoschen,
a Zuckerkranka wos zan noschen.

As Hunderl Waldi kriagt a Sonnenbrille,
an Werkzeugkoffer die Sibylle.

Und dem Franz erst seine Mutter,
kriagt 100 Kilo Hundefutter.

Opernkorten für den Rocker,
Wanderschuach fürn Stubenhocker.

Da Papa kriagt an blitzroten BH,
und goldene High Heels dazua sogar.

Die Katze Minki ein Buch zum Lesen,
die feine Klara an Strassenbesen.

A goldene Uhr fürn Papagei,
a Lego-Auto für die Polizei.

Jo, so könnt ich endlos nun aufzählen,
womit die Mensch sich am Heiligabend quälen.

Aber nicht lange, da braucht Ihr nicht zu fragen,
lustig wird alles umgetauscht, nach den Feiertagen!

Die Weihnochtsbeleichtung

Mitte November in ana Siedlungsstroß´n,
5 Männer stehen zoam,
jeder schlürft aus einer Hopfendos´n,
und man is sich einig, dass ma bold Weihnocht´n ham.

Alle Fünfe san´s die besten Nochbarn,
und so kimmst holt hin und wieder vor,
dass sie a bissl länger zoam san,
bis a Palettal Bier ist gor.

Jeder wird ah damit gscheiter,
und der Erschte foangt lautstark an,
gibt sein Nochbarn einen Deiter,
dass er es kaum dastehen kann.

Bold foungt er an, da Advent,
owa heia pfeiff i drauf,
uamol muass deis hobm a End,
diesmol häng i koani Liachtakett´n auf!

Jo, da Zweite gibt iham Recht,
und sogt, da Strom kost eh so vül,
dei Idee is gor net schlecht,
do moch i mit, ah wenn mei Frau es anders wül!

Da Dritte, langsam und gemächlich wie eh und je,
muant, deis is sowieso vül zvül Orbeit und ohne Schnee,

ist deis Lamperlwerch ah gor net sche.

Und der Vierte im Bunde,
da Akademiker,
tut der Runde Kunde,
dass es ohne Lamperln wirklich besser wär,
denn die Lichtverschmutzung steigt jo eh so sehr.

Vom Fünften kommt nur mehr gelallt der Kommentar,
Verlust der Muttersprache, tritt loangsam bei ihm ein,
ihr seids jo meine Hawara,
drum wird auch mein Haus heia ohne Lamperln sein.

Nebenbei erwähnt hot er bereits ocht Biere,
die Ander´n hom nur Viere,
weil Vierundzwanzig geteilt durch Fünf des mocht,
Vier mol Vier und uamol Ocht!

Mit Pfiati Nochbarn und guate Nocht,
a jeder sich Zfuaß auf´n Heimweg mocht.
Stüll schleichan´s ba da Haustür eini,
und hoff´n, dass sie jo nix merkt, die Seini!

Am nächsten Tog, die Köpfe wieder kloar,
stellt sich jeder büldlich vor,
wia schean doch letztes Joahr,
deis Haus mit da Beleichtung wor.

Und den Kindern hot´s ah so gfollen,
eigentlich dei jo no mehr Lamperln wollen.

Beim nächsten Gedanken wird's dann Jedem schlecht,
denn da Frau is gwiss net recht,
wann auf der Tanne und am Balkon,
mia heia koani Lamperln hom.

Jo mit den Frau- und Kinderherzen,
wüll man es sich gwiss nicht verscherzen.

So kummt holt Jeder für sich überein,
dass es holt doch muass sein,
nur wia und waun montieren?

Damit die Nochbarn nix mitkriagn!

Da Erschte montiert dos Weihnochtslicht,
am Vormittog, weil er hot Nochmittagsschicht,
und er auch sicher sein sich kann,
dass olle Anderen bei der Orbeit san.

Da Zweite schleicht wia a Maus,
jeden Obend aus dem Haus
und kurz bevors ganz finster wird,
werden die Lamperln aufmontiert.

Am Sunntog, während die Nochbarn in da Kirchen san,
schmückt Nummer Drei sein Tannenbam.
Er beeilt sich, um Zehne muass der fertig sein,
weil do rauscht der erschte Nochbar wieder ein.

Gaunz in da Friah,
behängt sein Haus Nochbar Nummer Vier,
versteckt sich auch vorm Zeitungsmann,
damit ihn der nicht verpfeifen kann.

Da Fünfte, ah ein Schlauer,
legt sich erst Mol auf die Lauer,
und immer wenn er keinen siacht,
montiert er am Balkon des scheini Liacht.

Schnöll verflogen is die Zeit,
und heit am Obend is so weit,
an Jedem des Gewissen druckt,
weil der Vorabend zum 1. Adventsunnti unaufholtsam näher
ruckt.

Die Zeitscholtuhren san programmiert,
und jeder wort holt, wos passiert,
gwiss werdens mi schimpfen und verochten,
wegn meine Lamperln für Weihnochten.

So denkt a jeder holt für sich,
a Verräter bin i, fürchterlich,
doch jetzt is zu spot, do gibt's koa Zruck,
am besten wenn i mi verdruck.

Da Sekundenzoager braucht nur mehr eine Runde,
bis 17:00 Uhr – zur vollen Stunde,
und fost zeitgleich, Mann oh Mann,
geht bei olle fünf Häuser die Weihnochtsbeleichtung an.

Balkone, Fenster, Bama, Renntiere und Weihnochtsmann,
funkeln und strahlen im hellsten Licht, dass man sie von Weitem schon sehen kann.
Jo wann da Kilowattstundenzöhler schnöller rennt,
dann is er do, da Advent.

Weihnachten in Pertlstein im Dezember 2015

Die Weihnochstfeier

Musivorstandssitzung is, die letzte vom Joahr,
da Obman spricht: Bold is Joahr gor.
Und wal des Joahr so orbeitsreich wor,
schlogt er zum Abluss a Weihnochstfeier vor.

Olle san begeistert und der Termin wird fixiert,
nächsten Freitag um Siebmi beim Veringa-Wirt.
Da Obmann, da Klausi, da Hiasi, da Hans,
da Peta, da Michl, da Maxi und Franz.
Pünktlich sans kumman, die Instrumente dabei,
a poar Weihnochtsliada wullns spüln, so zwoa oder drei.

Die Noten san gricht und bevor der erste Ton erschallt,
schreit der Obmann lautstork halt:
Mein Mund is gaunz trocken, i kaun nix dafir,
geh Liesi, kumm bring uns ocht holbe Bier.
Kellnerin Liesi bringt die Runde heran,
mit einem „Gsundheit" stoßen sie an.
Da Obmann, da Klausi, da Hiasi, da Hans,
da Peta, da Michl, da Maxi und Franz.

Die Instrumente werden wieder gricht,
aufuamol verziacht da Klausi sei Gsicht.
Mir schneids ummi, wia sull Ih nur sogn,
geh Liesi, kumm bring uns ocht Obstler firn Mogn.
Kellnerin Liesi bringt die Runde heran,
mit einem „Prooost" stoßen sie an.
Da Obmann, da Klausi, da Hiasi, da Hans,
da Peta, da Michl, da Maxi und Franz.

Man stöllt sich wieder auf und wüll glei losspülen,
möld sie da Hiasi, tuat ma load, owa beim besten Wülln,
mir brennt da Obstler im Hols, Liesi ocht Mischungen zum
Kühlen.
Kellnerin Liesi bringt die Runde heran,
mit einem „Prost, Prösterchen, Prost" stoßen sie an.
Da Obmann, da Klausi, da Hiasi, da Hans,
da Peta, da Michl, da Maxi und Franz.

So, owa jetzt die Instrumente zum Mund,
vorm ersten Ton gibt da Hans lautstork kund:
Für mein niedrigen Bluatdruck muass des jetzt sei,
geh Liesi, kumm bring uns ocht Viertel Rotwei.
Kellnerin Liesi bringt die Runde heran,
mit einem „Ein Prost mit harmonischem Klange“ stoßen sie an.
Da Obmann, da Klausi, da Hiasi, da Hans,
da Peta, da Michl, da Maxi und Franz.

Fürs erste Stickl, wars langsam Zeit,
owa da Peta in die Runde schreit:
Vom Wein wird ma durschti, kommst Euch nit ah so fir,
geh Liesi, kumm bring uns ocht große Weizenbier.
Kellnerin Liesi bringt die Runde heran,
mit einem „Zum Wohle, zum Wohle, zum Wohl dem Alkohole“
stoßen sie an.
Da Obmann, da Klausi, da Hiasi, da Hans,
da Peta, da Michl, da Maxi und Franz.

Endlich wullns spielen "Leise rieselt der Schnee"
doch anstatt Musi kimmt vom Michl juhe,
geh Liesi, kumm bring uns ocht Jagatee.
Kellnerin Liesi bringt die Runde heran,
mit einem „Schnaps, das war sei letztes Wort“ stoßen sie an.
Da Obmann, da Klausi, da Hiasi, da Hans,
da Peta, da Michl, da Maxi und Franz.

Die Noten werdn gricht von "Hiaz is da rauhe Winta do"
tschuldigung kimmt vom Maxi, owa zuerst muass i aufs Klo,
Liesi, wann i zruck kimm, san ocht Apotheker do.
Kellnerin Liesi bringt die Runde heran,
mit einem „Zaumm, zaumm, zaumm, Prost“ stoßen sie an.
Da Obmann, da Klausi, da Hiasi, da Hans,
da Peta, da Michl, da Maxi und Franz.

Da Franz sogt, bevor ma spüln hob i nur oun Wunsch,
geh Liesi, kumm bring uns ocht starke Punsch.
Kellnerin Liesi bringt die Runde heran,
mit einem „Prost, Prost, Brüderlein Prost“ stoßen sie an.
Da Obmann, da Klausi, da Hiasi, da Hans,
da Peta, da Michl, da Maxi und Franz.

Owa jetzt spülns los, nur von fröhliche Weihnacht keine Spur,
als erstes des „Liad vom depparten Bua".
Als nächstes „Frau Wirtin hot a gelbe Unterhosen an",
mit rote Maschern draun".
Dann kimmt „Trink ma no a Flascherl, trink ma no a Flascherl,
hom ma no a Göld im Tascherl".

Und zwischendurch bringt Kellnerin Liesi wieder eine Runde heran,
mit einem „Prost, Prost, Prostata" stoßen sie an.
Da Obmann, da Klausi, da Hiasi, da Hans,
da Peta, da Michl, da Maxi und Franz.

Dauert hot die Weihnochstfeier vom Musivorstand bis in da Fruah,
bam Hoamagehn geht's schua auf Fünfe zua.
Da Obman lallt zum Abschied uans is klor,
so a scheine Weihnachtsfeia, moch ma ah nächstes Joahr.
So wogelns holt houm: Da Obmann, da Klausi, da Hiasi, da Hans,
da Peta, da Michl, da Maxi und Franz.

Do obn, über da Burg

Winter wors, schon ziemlich lang her,
drei Tog bis Weihnochten nur mehr.
Des Steirische Vulkanland is gounz tiaf verschneit,
olle Wiesen, Wälder und Äcker trogn a schneeweißes Kleid.
Die Dächer der Häusa leidn unter der Lost vom vüln Schnee,
die Roob und Bäche san zuagfrorn, und ah jeder See.

Nochmittag is und zwoa Kinder stapfen durchn Schnee,
da Fabian schaut zruck und ermahnt sei Schwester zum Weitergeh!
Doch die Hannah rührt sich nit vom Fleck,
schau doch, do über da Burg, uhje, jetzt is es weg!
Da Fabian blickt aufi, also i siach do nix,
doch die Hannah protestiert, do is wos gwen, des ouni is fix!

Geh, wos wird do scho gwen sei?

Die Zeit der Hexen und Zauberer is längst schon vorbei!
Owa i hob wos gsehn und gschimmert hots gounz weiß,
und Stimmen hob i ghört, wia von Engerln gounz leis!
Also i hob nix ghört und a nix gsehn,
kumm weiter, bold wird die Sunn untergehn.

Nun glaub mir doch, i hobs gsehn und a gspiart,
und mein Herzal hot wüld pumpert, do is wos passiert.
Do obn üba da Burg, hob i des Christlkinderl gsehn,
hot weiß gschimmert und gsungen, es wor wunderschen.
Drum versuch auch Du, offenherzig durchs Leben zu gehen,
dann wirst auch Du vielleicht, des Christkinderl sehen!

Winteridylle in Pertlstein (Foto: Alois Neuwirth)

Herbergsuche – wie es wirklich war

Mehr als 2000 Jahre sind schon vergangen,
doch jährlich nimmt uns die Geschichte gefangen,
nur wie es wirklich war, weiß man nicht,
vielleicht war es so, wie im folgenden Gedicht:

Nachdem die Wirtshaustür blieb zu,
hörte Josef in der Nähe ein lautes „Muh“.
In einem Stall standen Ochs, Esel und eine Kuh,
Schafe, Ziegen und eine Gans schnatterte dazu.

Als sie Josef und Maria sahen,
machten Sie die Stalltür blitzschnell zu,
ja, so gemein waren Ochs, Esel und die Kuh.
Josef bat, bitte lasst uns rein, wir werden dankbar sein.
Wir wollen unsere Ruh, schrien Ochs, Esel und die Kuh!

Maria bettelte, nur ein kleines Plätzchen mit Stroh,
meine Füße und mein Bauch schmerzen schon so.
Ihr werdet Zeugen der Geburt von einem besonderen Kind,
bitte gewährt Einlass uns geschwind.

Na ja, dann wollen wir nicht so sein,
grunzte aus dem Stall ein Schwein,
und Ochs, Esel und die Kuh,
stimmten dem lautstark zu.

Die Stalltür ging auf und Josef trat mit Maria ein,
sie erblickten die neugierigen Tiere, von der Gans bis zum Schwein.
Die Schafe und Ziegen, Ochs, Esel und die Kuh,
bildeten um Josef und Maria einen Kreis dann im Nu!

Die Ziege sprach, welches besondere Kind trägst Du im Bauch?
Der Esel sagte, wenn ich Euch so anschau, frage ich mich das auch!
Die anderen blökten, schnatterten, grunzten und muhten dazu,
die Schafe, die Gans, das Schwein, der Ochs und die Kuh.

Um Euch das zu erklären, sprach Maria, fehlt uns die Zeit,
ich spüre ganz deutlich, gleich ist es soweit.
Und Josef war aufgeregt und nervös wie noch nie,
er zitterte am ganzen Körper, vom Kopf bis zum Knie.

Es dauerte nicht lang und Maria gebar einen Sohn,
die Tiere fragten, wie soll er heißen? Na sagt es schon!
Josef sprach, das ist Jesus und auch Sohn Gottes genannt,
Sohn Gottes fragten die Tiere, ist uns gänzlich unbekannt.

Doch, doch sprach Maria, unser kleiner Jesus, wird noch Großes vollbringen,
die ganze Welt wird es erfahren und Lieder ihm zu Ehren singen.
Wenn Du es sagst, sprach das Schwein, dann wird es wohl so sein,
legte sich hin, streckte sich und schlief tief und fest ein.

Auch die Schafe, Ziegen, Gans, Ochs, Esel und die Kuh
waren müde und baten um Ruh!
Von jetzt an bleibt die Stalltür nun zu,
muhte mit fast geschossenen Augen die Kuh.
Da müssten schon Könige kommen und es versuchen,
den kleinen Jesus zu besuchen,
nur dann würden wir öffnen ganz geschwind,
aber warum sollen Könige kommen, ist ja doch nur ein gewöhnliches Kind?

Krippe am Fehringer Hauptplatz im Dezember 2005 (Foto: Karl Karner)

Jahresendstress

Im Spotherbst geht's schon los,
no sovül ztuan, wos moch i denn als erstes bloß?
Äpfel procken, des letzte Mol Rosn mahn,
Blatteln wegrechen, die Rosen eindrahn.

Terminsitzung gehen fürs nächste Joahr,
obwohl des olte no lang net gor.
Geburtstogsfeier im Buschenschank,
erscht am Sunnti, Gott sei Dank.

Immer dran denk,
wos i meine Lieben schenk,
deis hot no Zeit,
bis Heiligobend is no weit.

Im Nochbardorf wird Theater gspült,
do muass i hin, sunst sans gach wüld.
Am nächsten Tog, Sitzung vom Tourismusverein,
und danoch lod der Siegi zu sein 50er ein.

Da Zahnorzttermin is ah schon glei,
hoffentli geht dies guat vorbei.
In da Radiowerbung heart man von Tausenden
Geschenksideen,
in die Gschäfta hob i no nix Gscheits gesehn!

Dahuam muass die Weihnochtsbeleichtung aufghängt werdn,
ba die Nochbarn leichten schon olle Stern.
Die Zeitscholtuhr auf die richtige Zeit gedreht,
owa wia? Schon wieder vergessen wias geht!

Den Adventkranz muass i ah noch binden,
jetzt kau i erscht die Kerzen net finden.
Zur Adventkranzweihe wieder einmal zu knopp drau,
beim Einparken fohr i ba da Strossenlatern no au.

Zum Krampusumzug auf den Hauptplotz marschiern,
um die Ruat´n vom Krampus auf die Wadeln zu verspürn.

Die Nikolofeier is ein Fixtermin,
do gemm man allo Joahr gern hin.
Die nächste Einlodung raschelt ei,
zur nächsten Geburtstogsfeier, i bin dabei.

Adventsingen in der Schlosskapellen,
do derf i sowieso nit fehlen.
Im Freien dann zammstehn und dischgriern,
bis uan fost die Zechen ohfriarn!

Bis Weihnochten is nit mehr weit,
für Geschenke kafen wird's höchste Zeit.
Obwohl i nix süaßes essen sult,
wern no schnell 5 Kilo Mehlspeis ghult!

Beim Bauern schnoll an Boaga b´stellt,
i mogn gor net, schod ums Göld!
Beim Christbamkafen mit an Fremden glei gerauft,
wal er mir den schönsten Bam vor der Nosen hot weggekauft!

Überleg, ob nit a Karpfen bessa wa,
während i dem Boga den Krogn umdrah!
Aft Nocht hot die Musi noa Ihr Wunschkonzert,
des hot jeds Johr an besonderen Stellenwert!

Weihnochstfeier vom Sportverein,
bin dabei, muss holt sein.
Am letzten Orbeitstog i schnell no wetz,
zur Firmenweihnochstfeier, dei is immer a Hetz!

24. Dezember, jetzt is er do,
Die Gschäfta hom noch offen, mei bin i froh.
Jetzt laf i holt hin und laf i holt her,
des Richtige finden, a pur, dais is schwer!

Die Bescherung wor supa, und a ganz stimmungsvoll,
die Kinder san glücklich, weil die Geschenke so toll.
Am Christog do lod ma, es muass holt so sei,
zum Essen die lieben Schwiegeröltern ei!

Am Stefanietog wird gessen, so wia olle Johr,
bei der Oma in da Kuchl, bis die Heifen san gor.

Da Bauch steht uan ummi, ma kanns si fost net riarn,
owa natürli miass man ah no olle 27 Sorten Mehlspeis
probieren!

Da Pfeifenclub mocht a Johresabschlussfeier,
ohne Frauen – doppelte Heiz und holb so teier.

Schlof zu Silvester va lauta müad vor Mitternocht fost ein,
owa nächstes Joahr, nächstes Joahr, wir alles besser sein!

Komische Wochen - mein Tagebuch

Es wird nun immer kälter draußen und es wird immer früher dunkel.
Daher halte ich mich gerne im warmen Haus auf.
Ich bin Waldi! Wuff!
Ein fünf Monate alter Schäferhund und erlebe, wie die Menschen dazu sagen, meinen ersten Winter. Was ich noch erwähnen muss ist, dass Kommissar Rex mein Urgroßvater war und ich daher ein ausgezeichneter Beobachter bin und all meine Wahrnehmungen in meinem Tagebuch aufzeichne:

Heute schleppt Maria, so nennt sie mein Herrl, ein rundes, grünes Ding mit vier dicken, weißen Stäben ins Haus und stellt es auf den Esstisch.
Mein Herrl, das Frauerl sagt Josef zu ihm, hängt ein großes, buntes Bild in der Küche auf.
Gemeinsam hängen sie noch das ganze Haus mit glitzernden Kugeln und anderem kitschigen Zeug voll.

Heute sind alle Familienmitglieder zu Hause und sitzen gemeinsam beim Mittagessen.
Auf einmal zündet Josef einen Stab auf dem runden Ding an. Aber nur einen, wahrscheinlich hat er sich schon die Finger verbrannt.
Die Kinder Julia und Lukas freuen sich, ich denke sie sind schadenfroh, weil sich ihr Vater wehgetan hat.

Heute noch ganz früh, macht Julia das neue Bild in der Küche kaputt. Sie reißt ein Stück heraus und kratzt etwas braunes

Kleines heraus, was sie sogleich in den Mund steckt.
Komisch, bis jetzt wusste sich Julia immer zu benehmen.

Heute macht Lukas dasselbe wie seine Schwester gestern, obwohl er eigentlich auch gut erzogen ist. Von nun an machen die Beiden das jeden Tag immer abwechselnd und werden von Josef und Maria nicht einmal bestraft dafür!

Heute bringen die Kinder ein anscheinend selbst gebasteltes kleines Häuschen von der Schule mit nach Hause und da sie es für mich viel zu klein gebaut haben, stellen sie es im Wohnzimmer auf und geben kleine Menschen und Tiere aus Plastik dazu. Ich habe ausnahmsweise keine Ahnung was das soll!

Heute am Abend ist draußen ein Höllenlärm. Pelzige Gestalten mit hässlichen Gesichtern rennen durch die Straßen und machen Lärm mit Ketten und Glocken. Julia und Lukas machen zwar große Sprüche, versperren aber ganz hektisch das Haus.

Heute sind dieselben Figuren wieder unterwegs. Aber heute ist ein ganz alter Mann mit weißem Bart, Mütze und einem viel zu langem Gehstock dabei, der auch noch einen riesigen Sack dabei hat. Diesmal wird die Haustür aufgesperrt und der alte Mann fragt die Kinder, ob sie wohl brav waren. Beide lügen ja, denn ich weiß, dass sie jeden Tag das Bild in der Küche ja noch mehr kaputt machen. Dafür bekommen sie nun auch noch Geschenke. Ich belle und knurre so laut ich kann, aber der alte Mann versteht mich nicht.

Heute sind wieder alle am Esstisch versammelt. Diesmal ist Josef schon geschickter und schafft es zwei von diesen Dingern anzuzünden, bevor er sich wieder verbrennt.
Musik wird auch gespielt, welche ich noch nie gehört habe. Klingt beruhigend. Sicher führt man was im Schilde und will dass ich vorzeitig einschlafe, damit ich es nicht aufdecken kann.

Heute hat Maria bestimmt etwas angestellt, denn sie schleicht im Haus umher und als sie sicher ist, dass sie niemand sieht, versteckt sie diverse Päckchen und Einkaufstüten in verschiedenen Schränken und Kommoden.

Heute hat Josef vermutlich etwas Schlimmes getan. Weil in unserem Garten kein so ein Baum steht, hat er sich anscheinend einen im Wald geholt. Da ich weiß, dass wir keinen Wald haben und er nicht erwischt werden will, versteckt er den Baum in der Werkstatt.

Heute kommen Maria und die Kinder den ganzen Tag nicht aus der Küche. Niemand spielt mit mir, aber es riecht wunderbar süß. Ich werde noch herausfinden, was da so herrlich duftet. Und Josef hat schon wieder mit Streichhölzern gespielt und diesmal sogar drei dieser Stäbe zum Leuchten gebracht, bevor er sich wieder verbrennt.

Heute und auch die nächsten Tage läuft wieder diese Musik, es duftet wieder herrlich und alle werden immer komischer. Einmal versteckt Josef etwas, dann wieder Maria, dann die Kinder. Einmal schließen sich die Kinder in ihren Zimmern ein, dann wieder Maria und spät am Abend dann auch Josef. Ich werde noch herausfinden was hier vor sich geht!

Heute ist Josef der Held des Tages. Er hat es tatsächlich geschafft, alle vier Stäbe zum Leuchten zu bringen, ohne sich zu verbrennen. Ich bin mir sicher, dass er sich verbrannt hat, nur will er nicht schon wieder verspottet werden. Draußen fliegt weißes Zeug vom Himmel und die grüne Wiese wird ganz weiß. Die Kinder freuen sich und machen große Kugeln aus dem weißen Zeug und bauen unförmige Figuren.

Heute ist mein großer Tag. Nachdem die Kinder in der Schule sind, das Herrl in der Arbeit ist und das Frauerl zum Einkaufen außer Haus ist, werde ich das süße Geheimnis in der Küche lüften. Ich springe auf die Türschnalle und öffne somit die Küchentür. Ich bin der Beste – wuff, wuff!
In der Küche stehen jede Menge Kartons und Boxen herum. Darin muss das süß duftende unbekannte Etwas sein! Ich springe mehrmals auf die Schränke, bis einige Kartons und Boxen zu Boden fallen und aufspringen. Alle sind bzw. waren voll mit wunderschönen kleinen Leckereien. Es gibt gelbe, weiße und braune Sterne, runde und eckige Scheiben, weiß gefüllte Rollen, und, und, und.. Nachdem ich ein ordentlicher Hund bin, fresse ich alle zu Boden gefallen Leckerlis natürlich auf.

Schmecken viel besser, als das trockene Zeug, was man mir immer in den Fressnapf schüttet.
Als das Frauerl nach Hause kommt, schlafe ich mit vollgefülltem Bauch im Wohnzimmer und träume von noch mehr süßen Leckerlis. Sie brüllt mich an, schleift mich unsanft in den Garten und hängt mich an die Kette. Ich verstehe die Welt nicht und winsle! Immerhin hat sie dieses süße Zeug gemacht und mich damit in Versuchung geführt. Und überhaupt hat auch sie selbst so Einiges auf dem Kerbholz!

Heute ist das Bild in der Küche nun komplett kaputt und die Kinder haben endlich wieder Zeit mit mir spazieren zu gehen. Normalerweise ermahnen Josef und Maria die Kinder, dass sie nicht zu lange ausbleiben sollen.
Aber heute dürfen wir erst nach 17:00 Uhr wieder nach Hause kommen. Komisch! Mir tut schon alles weh, meine Pfoten sind kalt und nass vom weißen Zeug als wir endlich wieder nach Hause kommen. Das Wohnzimmer ist versperrt und Josef und Maria benehmen sich sehr geheimnisvoll.

Der Esstisch ist mit köstlichen Leckereien gefüllt und in meinem Fressnapf sind riesige Fleischstücke. Während ich fresse, frage ich mich, was heute los ist, als auf einmal ein Glöckchen zu hören ist und die Wohnzimmertür sich wie durch Zauberhand öffnet.

Die Kinder stürmen ins Wohnzimmer. Ich hinterher, wo ich alle Beweisstücke der Heimlichtuereien der vergangenen Wochen auf einem Platz entdecke. Viele bunte Pakete liegen unter dem grünen Baum, der, damit der ursprüngliche Besitzer diesen nicht wieder erkennt, mit vielen glitzernden Kugeln und leuchtenden Stäben getarnt wurde. Mittlerweile habe ich auch herausgefunden, dass die Stäbe Kerzen heißen.

Alle freuen sich, reißen das bunte Papier von den Päckchen, singen komische Lieder und reden irgendetwas von Fröhlichen Weihnachten!
Ich werde noch aufklären was hier los ist. Ich bin ja nicht umsonst der Urenkel von Kommissar Rex. Aber nicht mehr heute. Jetzt bin ich müde vom langem Spaziergang und vielem Fressen und schließe für heute mein Tagebuch mit den Worten:

Ich bin gespannt auf die nächsten komischen Sachen, die die Menschen rund um mich herum noch machen.

Weihnacht

Weihnacht der Lichter, alles leuchtet taghell.
Weihnacht der Kriege, Leben ausgelöscht blitzschnell.

Weihnacht der Sterne, alles funkelt und strahlt.
Weihnacht der Armut, mit Hunger und Gewalt.

Weihnacht des Glücks und alles im Überfluss.
Weihnacht des Kummers, der Sorge und Verdruss.

Weihnacht der Lieder mit Harfen und Gesang.
Weihnacht der Bomben die donnern tagelang.

Weihnacht des Friedens und der Nächstenliebe.
Weihnacht des Hasses mit Stichen und Hiebe.

Weihnacht zu Hause, alles heimelig und warm.
Weihnacht auf der Flucht, ohne Heimat und arm.

Weihnacht muss wieder für Alle Weihnacht werden,
ohne Kriege, Elend, Hass und Menschensterben.

Weihnochten is...

Eine Familie spaziert durch die Stodt, und mocht einen vorweihnachtlichen Einkaufsbummel.
So, wie es auch zigtausend andere in Österreich tuan.

Du Papa, ergreift der Sohnemann das Wort, wenn i heia a neie Playstation kriag, dann is Weihnochten.
Und a poar Spiele wünsch i ma ah dazua.
Und mei Handy is ah net mehr das Modernste.
Und mei Snowboard is ah schon total verkrotzt.

Und a Listen mit den neiesten CD´s und DVD´s hob i ah zusammengestellt, welche ich gern hätt. Jo, nur wann i deis olles kriag, is für mi wirklich Weihnochten.

Jetzt kannst schon einmal aufhören, fällt ihm seine Schwester ins Wort. I hob ah Wünsche!
Du Mama, redet sie weiter, wann i heia an großen Flat Screen Fernseher kriag, dann is Weihnochten.
Und mei Digitalkamera könnt ah mehr Megapixel vertrogen.
Und mei Labtop ist ah schon vül zlangsam!
Und Schi hätt i gern die Neign, mit dei da Marcel Hirscher immer gwinnt.
Und mei Schianzug von letztem Johr is ah net mehr inn.
Jo, nur wann i deis olles kriag, is für mi wirklich Weihnochten.

Wann i kriag, wann i kriag, erwidern die Eltern!
Der Vater setzt sich auf ein Bankerl und sogt, setzt Euch zu mia!
I denk, es is an der Zeit, dass ihr amol zuhörts. Die Mama und ich werden Euch jetzt amol sogn, wann für uns Weihnochten is:

Weihnochten is, wenn Ihr net ständig miteinander streiten würdet.
Weihnochten is, wenn man gsund sein derf.
Weihnochten is, wenn man genug zum Essen und Trinken hot.
Weihnochten is, wenn man In einem beheizten Haus leben kann.
Weihnochten is, wenn man zur Schule gehen darf.
Weihnochten is, wenn Jugendliche ohne Alkohol und Drogen mit ihrem Leben zurechtkommen.
Weihnochten is, wenn ma an sicheren Orbeitsplatz hot.
Weihnochten is, wenn Neid und Habgier nicht mehr unser Leben bestimmen.
Weihnochten is, wenn es keine korrupten Politiker, Polizisten und Firmenbosse mehr gibt.
Weihnochten is, wenn sich niemand mehr mit Kinder- oder Menschenhandel bereichert.
Weihnochten is, wenn das Flüchtlingsdrama endlich a End hot.
Weihnochten is, wenn keine Arigonas mehr abgeschoben werden.
Weihnochten is, wenn keine Terrororganisationen wie Al-Kaida und IS die Menschheit bedrohen.

Weihnochten is, wenn Frieden im Tschad, in Syrien und auf der Welt herrscht.
Weihnochten is, wenn man nit über Eurofighter streiten müssen, weil man diese ohnedies nie mehr braucht.
Weihnochten is, wenn ma Mauern und Gefängnisse niederreissen können.
Weihnochten is, wenn keine Kinder mehr misshandelt oder gor zu Tode geprügelt werden.
Weihnochten is, wenn wir unsere Mitmenschen so behandeln, wie auch wir behandelt werden wollen.

Noch einer Nochdenkpause meinen die Kinder dann, dass dann nia wirklich Weihnochten sein kann.

Nia sein kann, entgegnet der Vater, is folsch!
All das zuvor Genannte hoben wir Menschen selbst in der Hand!
A Jeder von uns kann sich daran aktiv beteiligen, dass wir irgendwann, wirklich Weihnochten ham.

Fehringer Hauptplatz im Dezember 2005 (Foto: Karl Karner)

Wenn Friede und Eintracht

Wenn die Störche und Schwalben in den Süden abgerauscht,
wenn man die leichte Kleidung gegen die Winterjacke tauscht.
Wenn die Bäume kahl und auf den Ästen ist kein grünes Blatt mehr,
wenn die Getreidespeicher voll und die Äcker braun und leer.

Wenn die Tage kürzer werden und die Nächte recht lang,
wenn die Wiesen, Wälder, Dächer tragen einen weißen Umhang.
Wenn vom Adventkalender man das erste Fenster aufmacht,
wenn am Fünften der Krampus recht viel Lärm und Wirbel macht.

Wenn anstatt Hektik vom Alltag, Ruhe kehrt ein,
wenn erhellen den Raum Kaminfeuer und Kerzenschein.
Wenn es nach Vanille und Zimt duftet im ganzen Haus,
wenn die Kerzen vom Adventkranz erloschen und aus.

Wenn die Familie am Heiligabend den Christbaum behängt,
wenn man anstatt teure Geschenke sich Zeit miteinander schenkt.
Wenn Friede und Eintracht kehrt überall ein,
würde Weihnachten noch schöner sein.

Wos is worn, wos is bliebm?

Wos is bliebm von Christi Geburt,
überall Elend, do und durt.

Wos is worn aus der fröhlichen Zeit,
a Blick in die Zeitung und man verliert die Freid!

Wos is worn aus Bethlehem,
warum miassn durt überall Soldoten jetzt stehn?

Wos is worn aus der söligen Zeit,
nur mehr Druck und Stress mocht sich breit.

Wos is bliebm von der heiligen Nocht,
wo jeder nur mehr a großes Gschäft mocht.

Wos is bliebm von da Nächstenliab,
jeda Zweite a Gauner oda a Diab!

Wos is worn aus der gnodenbringenden Zeit,
nur mehr Rache, Habgier und Neid!

Wos is worn aus dem Buam mit lockigem Hoar,
glotzat, tätowiert und a Beilogscheibm im Ohr.

Wos is worn aus der stillen Nocht,
wo fost täglich a Bomben wo krocht!

Wos is worn aus dem trauten hochheiligen Poar,
von drei Ehen werden heute gschieden schon zoa!

Wos is bliebm von da himmlischen Ruah,
Europa mocht die Grenzen wieda zua.

Wann schlogt uns die rettende Stund?
Welcha Engel oda Hirte gibt uns deis kund?

Alois Neumeister

Geboren 1967 in Feldbach. Liebt, lebt und lacht in Pertlstein (Stadtgemeinde Fehring / Bezirk Südoststeiermark).

Ist verheiratet mit Martina und stolzer Vater von Elena und Gloria.

Seine Brötchen verdient er als Verkaufsleiter in der Pharma-Branche.

Zu seinen Hobbies zählen nicht nur dichten und schreiben, sondern auch wandern, klettern, singen, moderieren, Theater spielen und die Blasmusik.

Ehrenamtlich ist er Obmann vom Kulturverein Pertlstein, leitet die Theatergruppe Pertlstein und managt den Vulkanlandchor Pertlstein. Er ist aktives Mitglied der Pfeifenrunde Pertlstein und natürlich auch der Vulkanland-Dichtergilde.